JESSICA GONZÁLEZ

Versos rotos
© 2017, Jessica González

Diseño de cubierta e interior: H. Kramer
Fotografías de cubierta: Cecilia Caballero
Imágenes de interior: Freepik

Segunda edición: febrero de 2019

ISBN: 978-1795601054

Con mucho amor... a mi esposo, a mis padres y a todas esas personas que siempre creyeron en mis letras.

AGRADECIMIENTOS

Agradezco a todas las personas que han hecho posible este sueño, a los de siempre y a los nuevos, a los que han echado sal a mi heridas, y a los que se quedaron para ayudarme a cicatrizar, cada uno a contribuido de una manera u otra y les estaré eternamente agradecida

PRÓLOGO

Mendoza, enero de 2019

El mar (de tus ojos) *una invitación irrevocable a adentrarnos en esta travesía y zarpar hacia el océano de las emociones. Un recorrido que comienza en puerto seguro, donde beber una taza tranquila equivale a reconocer las almas afines a la nuestra*

"Hay personas, que al conocerlas, saben a café…"

El viaje se torna tumultuoso y nos adentramos en aguas con sabor a naufragio, a pérdida, a desolación, a decepción. Cada verso nos lleva a contemplar los momentos más oscuros de un alma y cómo al lograr visualizar el dolor en una mentira, un engaño e, incluso, en darse la espalda a uno mismo, somos capaces de luchar por volver a nosotros, luchar contra los que no nos merecen "como quien se aleja de un lugar al que ya no pertenece", *hasta tocar fondo, para luchar contra nuestros propios miedos.*

Un viaje a través de un mar de estrellas donde las palabras nos incitan a evitar algunos puertos y olvidar aquellos que no nos recuerdan. Al momento de saberse sanada, los poemas nos llevan a aguas mansas, solo agitadas por las olas que llevan impregnadas todo el amor que la autora profesa hacia la poesía, hacia el mundo, hacia la luna; un amor que la salvó —como si de un salvavidas se tratara— y que la mantiene viva. Nos encontramos con verdades infalibles y la seguridad de un corazón que sabe lo que quiere "Yo quiero inundar tu mundo de poesía y romper el molde contigo".

El navío surca aguas vestidas de romance y pasión "sobre tu espalda la poesía es mucho más hermosa", *aventura* "¿Y qué me dices de dar la vuelta al mundo?", *preguntas retóricas donde nos sumergimos en sentimientos profundos, enraizados en el amor propio luego de un largo camino de aprendizaje. Para luego hacer un pequeño periplo por temas antes naufragados que ahora saben a conquista como amistades que traen primavera*

> "Hay... amigas que...
> plantan sus raíces
> y nos riegan con mimos
> los huecos del corazón"

y la sabiduría de entender lo etéreo del tiempo o lo efímero del mundo.

Con una pluma fresca y directa, que dispara letras que tienen como objetivo adherirse al corazón, en esta nueva edición de Versos Rotos, Jessica nos deleita con seis poemas inéditos.

Un poemario que nos muestra que nunca es tarde para descubrir-se y amarse, que nos habla de amar el camino y no la meta, que nos invita a vivir sin ataduras, con las ideas al viento y abiertos a nuevos caminos.

Un poemario para viajar por los puertos de la vida, reconociéndonos en cada sentimiento, abrazándonos ante el dolor y haciéndonos fuertes luego de cada nueva caída.

Un poemario que nos invita a leerlo más de una vez, siempre que necesitemos ese empujón para darle amor a nuestras alas.

Juliana Del Pópolo

El Mar
(de tus ojos)

PERSONAS CON
sabor a Café

Hay personas, que al conocerlas, saben a café, ¿te ha pasado alguna vez? Sientes un choque de adrenalina por dentro, son esas personas que al oírlas o leerlas te hacen sentir un terremoto en tus pies, es como un disparo de energía, de conocimientos, de química… directo a la sien, sabes que después de ese primer contacto, nada será igual, son como una bofetada, como una tormenta de verano, como el primer beso que jamás se olvida, como un tren viejo y olvidado dando sus últimos paseos.

He conocido muchas personas que en un primer instante no me generaron nada, son esas personas de las que todo el mundo habla, personas comunes que no salen a mirar las estrellas y la luna de noche, incluso tienen el atrevimiento de sentirse especiales, aun cuando solo habla su ego, esas personas me aburren, en vez de ser como una buena taza de café que te inspira a una buena charla, son como un vaso de agua, pasan ligero por uno y sacan la sed por un rato… pero al tiempo, todo vuelve a la normalidad… el café me mantiene alerta, viva, me sabe a poesía.

A las personas que saben a café, les brillan los ojos, la esencia, la humildad… quizá son esas que pasan desapercibidas, esas que nadie nota, porque en su silencio, miles de mundos habitan, es algo inexplicable la conexión que uno puede llegar a sentir con ellas, nunca hablan de polos negativos... te llevan en conversaciones al sur, a lo cálido y positivo, te vuelan la cabeza y siempre te dejan con ganas de más, porque su adicción atrapante no es normal, tienen un gusto único; van y vienen como vendaval y una vez que intentas sentarte a su lado... ya jamás los puedes atrapar, no son personas de un solo lugar, de una sola estación... llegan a tu vida para pintar colores que incitan la revolución interior, y un día, sin avisar, se marchan... dejando su aroma por toda la casa, por todos los pensamientos y recuerdos; de esas personas me quiero prender, como quien se prende de un paracaídas en plena caída, sabiendo... que es y será siempre una experiencia inolvidable.

Necesito

Necesito vaciar mi boca
de todas estas palabras
que tienen *verborragia de ti*,
celos y hambre de tu ser,
de tu recuerdo impregnado
en cada verbo que hable de amar,
de soltar… de dejar ir.

Necesito un exilio,
de mis entrañas, de mis adentros…
necesito tres *whiskies*,
una bofetada,
un viaje al fin del mundo
o un buen café, para desatarte.

Necesito dejar de marcar con flúor
cada caricia que escribiste en mi piel
cada momento que me regalaste,
porque no son cosas
de las que uno
se deshace fácilmente.

Olvidarte a ti…
es querer romper una cadena

tan solo con cariño
es encadenarme
cada vez más a tus besos
a tus sonrisas
a tu malhumor por la mañana
al café caliente de la tarde
a los libros por toda la casa
al sol entrando por la ventana
a la luna en menguante
sangrando vino
a la ropa desordenada
a tu silueta de lejos
más bella y opaca que nunca

olvidarte...
es querer llegar a la meta
sin salir jamás del punto de partida.

Necesito dejar de necesitarte,
de buscarte incansablemente
todo el tiempo
entre mis bragas
en mis bolsillos
en mis libros de poesías
en las noches de alcohol y cigarros
en el invierno que se aproxima
sin el calor de tu cuerpo

o en el verano que termina
lleno de atardeceres en la arena
y sonrisas estampadas
con una felicidad lejana.

Necesito una poción mágica
para levantarme un día
y ni siquiera saber quién soy,
para empezar de nuevo
sin tener que volver a ningún lado
y querer irme a todos lados
pero sin ti,
y sin mí,
latiendo ahora
en un corazón ajeno.

ATAQUES DE PÁNICO

Tengo miedo
ayer te lo confesé
me cuesta horrores
cada día más, socializar.

Pienso tanto y tanto
cada cosa que voy a decir
que pierdo por completo
la espontaneidad frente a los demás
me vuelvo torpe y parezco un fracaso,
lo sé, creo que me estoy volviendo loca
esas voces no paran de hablar,
me dicen cosas que saben a verdad
y cuando estoy sola
al fin puedo respirar.

No puedo seguir así,
premeditando todo
en presencia de alguien más
me duele, me pesa, me asfixia
me desespera, quiero salir corriendo
quiero escapar... son muchos detalles
no puedo con todos, los veo... los siento
¿por qué ellos no?

Es como un bombardeo de emociones.
Mi cuerpo se empieza a tensar
hiperventilo
me ahogo
parece que voy a morir,
pero no, es el pánico
atacando una vez más.

Luego respiro profundo,
una y otra vez,
pienso… "tranquila…"
y el tiempo se detiene.

Hasta que al fin,
haciendo mi mejor esfuerzo
todo vuelve a la normalidad
y aflojo un poco los hombros
muevo la cabeza de un lado para otro
la tensión disminuye
la ansiedad se va.

Llega la noche
y debo descansar
escribir me alivia
mañana será otro día,
personas me saludarán,
y yo tendré que aparentar…
que solo soy una chica más.

*El filo de la soledad y la necesidad de
sentirse querido, no son compatibles.*

*Nunca un momento tan breve,
me dejó un vacío tan grande.*

GHOST

¿Qué decirle al fantasma
de mi otro yo
que no le haya dicho ya?

Todos los días, llega
y cuelga su tristeza
junto a mi abrigo.
Me mira,
se encoge de hombros
y se hace un café mientras
escucha a Yann Tiersen.

Ya le he pedido que se marche
una y mil veces
de todas las maneras posibles,
pero siempre vuelve
con su vestido blanco
y la melancolía
en sus bolsillos...
los vacía frente a mí,
sin dejarme más opción
que rendirme
ante ella,
encendiendo un cigarro

recordando todo lo que creía olvidado.

Se levanta,
me besa la frente
y se sacude el cabello
dejando caer
todas las mentiras
que no me creo
y me guiña el ojo
seduciéndome
-más que invitándome-
a dar una vuelta por la ciudad
tomadas de la mano,
burlando el qué dirán…
como dos locas
llenas de poesía en la mirada.

Le cuento
que he conocido a alguien,
se asombra y me dice
que "ya era hora"…
para poder marcharse de vacaciones
a aquella primavera donde fue feliz.

Pero sé que volverá,
tampoco puedo vivir sin ella…
si es la que me habla

durante horas
cuando el mundo se va a acostar.

Por las noches
se queda a mi lado
sentada, cuidando mis poemas…
leyendo mis libros
y usurpando mi vida
se pone mis jeans negros
rotos en las rodillas
y mis converse blancos,
se pasea por la casa
con los pechos al aire
porque dice que así se siente libre,
y se va de fiesta
con todos los veranos
que llenaron de sol mi casa, mi alma.

A veces
se pone furiosa…
me despierta
y le leo un poco para calmarla,
se abraza a sí misma, como una niña
y en un abrir y cerrar de ojos se duerme,
las letras siempre han sido
nuestro refugio,
entonces suspiro aliviada y me bebo

una medida de *whisky*
para bajar las penas atragantadas.

El sol asoma por la ventana.

ILUSA
(SÍ, ASÍ CON MAYÚSCULAS)

No fui una ilusa
al creer en tu mirada
o en la manera
en que sostenías mis manos,
si el calor que me hacías sentir
era el de verano en pleno invierno.

No fui una ilusa al amar
por primera vez
si el mundo vive de utopías,
y de utopías está hecho el cielo
cubierto de sueños
que se entretejen
en la falda del deseo.

No fui una ilusa
al creerte eterno
si aún oigo tu sonrisa
en mi oído izquierdo,
y tal cual como un bosquejo,
intento llegar a ella
como un loco enfermo.
No fui una ilusa al idealizarte,

te pedí la luna y las estrellas
solo para admirarlas
como un trofeo
sin darme cuenta que para ti
solo era otro juego.

Sí, fui una ingenua al amarte,
al pensar que eras magia,
aquí, dentro de mi pecho,
mientras lo único que sostenías
era una mentira entre tus dedos.

A veces, somos el medio que tiene la vida, para enseñarle a otra persona a diferenciar entre el amor verdadero y un amor de estación, aunque a nosotros nos toque ser verano.

Mi miedo más grande siempre fue la muerte, pero desde el día en que toqué fondo y lo único que quería era morir... no le tengo miedo a nada.

FÁBRICA VIEJA Y OLVIDADA

Hace muchos años ya
cuando mi corazón estaba roto,
febril, casi en coma,
sentí que no había
más nada ahí dentro
y que no quedaba nada por hacer.

Mi cuerpo era una fábrica vieja y oxidada,
olvidada por su dueño
con piezas rotas
casi irreparables e irremplazables...

Por aquella época
cuando todos los rincones del mundo
me hablaban al oído de ti,
cuando inocentemente
besé otros labios
y me escabullí entre sus recuerdos
aferrándome a sus cuerpos

intenté encontrarte...

deseaba sentir tu abrazo
o la seguridad de tus promesas otra vez.

Veía sombras
que me perseguían
y tu voz colgaba
de un péndulo frente a mí.
Cuando ya no había
esperanza alguna de volver a sentir
lo que antes me hacía despertar,
cuando pasaron los años
y dejé de creer en el amor
y olvidé cómo respirar,
resignándome a una vida de desdicha
ya que mi futuro
no era un lienzo digno de pintar

llegó ÉL a mi vida.

Llegó cubriendo (sin saber),
con besos y perdones
cada error que cometí,
cada vergüenza
que rasgó mi humillada alma.

Acarició mis huecos,
limpió mi espalda
con el aliento de su sueño
y me hizo olvidar
cuánto dolor había en mi pecho.

Mis lágrimas al fin llenaron
el fondo de mi corazón con su paz.

Y le dio luz a esta vieja casa
que habitaba en mí,
cambió las sábanas
de mi historial de amores
y cubrió con seda mi cuerpo y mi mirada.

El universo había conspirado a mi favor.

Sus ojos me amaron retóricamente
como si antes yo no hubiera existido,
como si el mundo
comenzara de nuevo para mí.

Y antes de poder creerlo
me vi a mí misma
observando el espejo,
viendo como esa muchacha brillaba
como estrella de cielo
con una fugacidad infinita,
amando
cada día
como el primero...

y no fueron una,
ni dos ni tres noches

de amor sincero,
fue un eterno conjuro
que robó mi sueño
para vivir y sentir a su lado,
todo lo que el tiempo
había guardado para mí
bajo la cama
a dos párpados cerrados
de mi sueño.

CUANDO EL INSOMNIO PROCEDE

Dicen por ahí
que escribir de noche te sincera
cuando el sueño se escurre
donde el corazón late lejos de uno,
donde otros párpados
descansan ya tranquilos.

Dicen que la verdad por las noches
se cuela en los huesos
sin permiso… sin aviso… sin vergüenza
y cala el alma hasta lo más profundo
dejando señas claras de una lucha
entre el corazón y la razón.

Se oyen a lo lejos, los susurros
de una añoranza
de cálidos abrazos y tiernos besos
de calor y contención…
mientras, por otro lado,
la mente chapotea sus pies en el río,
intentando calmar los latidos despavoridos
del recuerdo de unos ojos llenos de ternura
que jamás voltearon a verme.

Por eso llega el insomnio,
le encanta seducirnos
con noches de agitada pasión
y unas letras llenas de sangre y delirio,
le encanta seguirnos de cerca
soplarnos sobre el hombro
y acariciarnos suavemente la espalda
con besos de un amor que nunca fue,
con suspiros llenos de ganas
que nunca fueron a parar a ningún lado.

La noche llega
para meterse tan dentro de nosotros
que nos llena de estrellas los ojos,
las manos, el vientre y el pelo…
para luego amanecer con ese brillo único,
de soñar con lo imposible y lejano.

Un amor roto, a un paso del daño.

Me pido perdón a mí misma, por todas las veces que me fallé, incluso en defensa propia.

Tus besos jamás llegaron a destino, pero recorrieron cada centímetro de mi piel, acariciaste mi cuerpo, erizaste mi corazón, hiciste temblar mi alma… todo eso, sin tocarme.

OLVIDARTE CON
veinte años

*C*uando era más joven, una adolescente aún, pasé mucho tiempo intentando olvidarte, quería arrancar cada uno de nuestros recuerdos del fondo de mi corazón, quería odiarte, olvidarte de un portazo… como quien se aleja de un lugar al que ya no pertenece más… y era cierto, ya no pertenecía más a ti, ninguno de los dos pertenecíamos más a lo que alguna vez fuimos durante un determinado tiempo, eso se quedó allí, en el pasado.

Hace diez años olvidarte era mi mundo, me parecía imposible… era lo único que quería hacer y nos perdía una y otra vez a ti y a mí en el intento… olvidarte desquició mi alma, me llevó noches enteras de lágrimas en mi almohada… pobre, ella no tenía la culpa de la locura que había en mí, aun así, apañaba mi alma y le daba consuelo con un profundo sueño después.

Cuando era más joven no sabía lo que me pasaba, era la primera vez que intentaba quitar del todo a alguien de mi vida, de mis recuerdos, quería borrar el amor que por ti sentía… ¿y cómo hacerlo? Me daba pánico atender el teléfono, ya no serías tú el que estaría del otro lado, ya no conversaríamos por horas ni me dirías que solo a mí me querías. Prendí fuego todos los poemas que te había escrito, creía que así te irías, volando en una de esas brasas al viento, al olvido… pero veinte años son muy pocos para comprender que el amor no se quita de un día para el otro.

Olvidarte era levantarme y recordarte, sabía que yo te había lastimado, que había traicionado tu confianza, que fui la causante de tus peores días... pero también sabía que tenías algo de culpa, que yo siempre te había esperado mientras tú te dejabas llevar por lo que tu familia te decía, ibas y venías cuando querías... y a mí me daba fiebre solo de extrañarte... y quise morir cuando me decías que me amas, mientras en realidad te estabas por casar, pero casa por una razón.

Con veinte años no entiendes que a veces sufrir durante un tiempo es necesario, ¿para qué? Para darte cuenta tu dignidad está por el suelo, que tu autoestima ha sido pisada por toda la ciudad mientras tú, ingenuamente, borras el mar de tus ojos con una falsa sonrisa al mundo. Nadie se merece eso.

Veinte años deberían ser suficientes para conocernos a nosotros mismos y saber cuánto valemos, pero no, a veces solo alcanzan para pedir perdón y decir adiós a lo que nunca más será. A esa edad no entendía que uno nunca olvida al primer amor, uno puede dejar de amarlo poco a poco... pero no olvidarlo. También creía que nunca más amaría a alguien como te amé a ti... hasta que lo conocí a él y puso mi mundo de cabeza.

Jamás se olvida, uno acepta el pasado y entiende que allí es donde le corresponde estar, ya no lo miras con rencor ni dolor, uno se viste de amor propio y ¡el mundo le parece tan claro! Somos un montón de recuerdos en cartas viejas, siempre aceptando de corazón que cada uno está donde debe estar... de nada sirve insistir en llorar muertos, como una vez bien supiste decírmelo.

Recuerda, no intentes olvidar, solo acepta, envía luz y paz a su corazón y al tuyo, solo así se emprende un nuevo camino, lleno, de lo que realmente te mereces.

Esperando la inspiración

Me senté a la orilla de la vida
a esperar que pasara,
esperé todo el día…
hasta que la noche comenzó a caer.

Un frío lúgubre me abrazaba
los ojos me ardían, mi vientre temblaba
y casi no sentía los pies, esos, con los que
había llegado a maravillas únicas.
Intenté abrazarme
a cada verano que pasaba,
besé todas las brisas que prometían quedarse
mientras escapaban como vendaval.
Llené mis manos de cenizas
con todos los fuegos
que incendiaron mi corazón y mi razón.
Esperé y esperé…
por un poco de cordura, de compasión,
de amor…
y llegó sin darme cuenta
la dama más exquisita

la "inspiración"…

¡traía un perfume…!

Vestía de luna
y también de atardecer
dejaba un gran rastro de hojas de otoño.

Luego se convirtió en agua
llena de sirenas heladas
tan solitarias
como la tristeza de su mirada.

No supe qué hacer,
más que observarlas y admirarlas
mis manos se llenaron de versos
y mis rincones de placer literario…
callé y me puse a escribir
pronto se fue el frío
y la poesía que esperaba
comenzó a fluir
despertando de un largo
coma inducido.

A TI, QUE TE GUSTA ADORNAR DESPEDIDAS

A ti, que te gusta adornar las despedidas
con palabras bonitas,
y que te he visto más veces la espalda
que la cara, porque siempre te estás yendo.

A ti, que no me diste tiempo
de convertirte en presente
porque todo el tiempo estabas en el limbo,
ese, entre mi soledad y tu huida…

A ti, que las excusas baratas te eran más fáciles
que enviar un mensaje
de "buenos días" o "buenas noches".
A ti, la realidad te hará caer de frente
tropezándote con tus propios engaños.

A ti, que tatuaste silencios y ausencias en mi piel, después
de besarme en mis sueños,
a ti, que viste más fácil y ancho el camino
a devorar mis letras y mi deseo,
antes de preocuparte realmente
por los nidos de amor que había en mi cabello.

A ti, quiero regalarte una primavera…
porque un día de estos
llegará alguien a tu vida, de espaldas
y con un invierno hermoso en su garganta
y quedarás prendido
de una búsqueda incesante
de su amor, pero ella ni siquiera te mirará.

A ti, que me dejaste
en bancarrota, sin soles
con el hígado estropeado
el pelo marchito
sin reservas de alcohol
y una tos seca constante
(por tu falta de cariño)
a ti… te deseo lo mejor.

Porque si algo aprendí del amor
es que cuando uno quiere de verdad
después de caer tantas veces
cuando el amor voltea a encontrarte,
lo hace a lo grande,
sin escatimar detalles,
uno se llena de primaveras en los bolsillos
y se siente millonario en el corazón
y eso, no tiene precio,
uno camina orgulloso

destilando alegría,
sonrisas legítimas
y eso a ti... *te queda grande.*

*Ese ardor en el pecho que
insiste en lo pendiente.*

*Me preguntaron por ti y no supe qué decir…
más que recordar todos los momentos en que
le diste un lugar a este hambriento corazón
para sobrevivir a este mundo hipócrita.*

Eclipses eternos

No quiero ser la sombra
de un bosque perdido
ya me cansé de seguir el camino
solo para encontrar un hogar,
quiero ser el viaje
que me lleve hasta el mar.

No quiero ser la espera constante
de una llegada insegura
o el respiro intermitente
de quien habita en otro corazón.

Tengo tanta hambre de amor,
de ese cariño humilde y tibio
que calma el alma para siempre
entre orgasmos exquisitos
y libros realmente buenos.

Pero ya nadie quiere quedarse
para siempre en mí,
lleva tiempo invertir
en corazones rotos y fríos
a nadie le importa ver
las noches sin estrellas ni luna,
cuando el día ha estado bajo lluvia.

Esta locura está echando raíces
y mi soledad cubre con una manta
las estrellas más agobiadas,
me estoy volviendo eclipse…
y nadie aprecia esa belleza

¿quién querría vivir para siempre
en un invierno eterno,
entre hojas secas y silencios,
entre tatuajes de piel canela
y un alma desolada?

La razón que me queda
es la de mis letras,
ellas siempre me hacen un sitio
para llegar con vida
al anochecer…

y mi otro refugio
yace en los besos
que una vez le diste a mis manos,
estas, las que crean arte para ti.

ESTO DE QUERERTE

Esto de quererte
me trae de pelos,
un día logro amarte
con todos mis incendios
y al otro
te vuelves mar
acabando
con todo mi deseo,
dejando rastros de —sal—
en mi boca y mis manos.

Esto de quererte,
se me ha vuelto costumbre.
Cuando menos lo espero
te me recuestas al lado
y me acaricias el pelo,
y en un abrir y cerrar de ojos
te vas
y besas otros sueños,
otros dedos
fornicadores viciosos de lo ajeno,
aun sabiendo

que suelo observarte

desde lejos, pero no te toco,

me desvanezco.

Esto de quererte
me trae de malas
con un nudo en el pecho
y un beso a medio terminar
por falta de anhelo…

y tú
sin esperar
te me escurres
en todas esas mediocridades
que sabes
que no suelo aceptar…

-y yo te espero-

-aunque diga que no-

y mi mano haga ademanes sola
justificando tu falta de respeto,
y me vuelvo cursi
y pasa enero
y ya no me peino
y hace frío

y olvido recuerdos
y tú te me escapas
y yo
ya no te espero.

Si no te sientes a gusto contigo mismo,
¿cómo te sentirás a gusto con alguien más?

Estuve muerta durante veintiocho años
sin voz ni razón, hasta que comencé
a escribir mi propia historia.

A un costado de la vida

No tengo planes
de salir corriendo
eso es para cobardes
yo amaré un montón…
solo quédate un ratito más,
no te me escapes
déjame creer por un momento
que soy especial para ti.

Ya sé muy bien
cuál es mi papel en la vida
(lo supe muy bien desde pequeña)
siempre seré el *limbo*
de todo lo que me rodea

-ya me han roto el corazón varias veces-

entre amigos y amores
me quitaron el alma.

Sé lo que se siente
darlo todo y perder.
Pero sinceramente,
algo me ató a ti

quizá me entiendas, *o no,*
esto de estar en medio de todo
me ha helado de soledad…
y ya estoy cansada, *juro que sí.*

Entre un montón de personas
ya no sé cómo actuar…
escribir me salva,
pero a la vez me aísla,
a nadie le importa
el mundo que llevo dentro

estoy muriendo y no puedo hablar,

un nudo en mi garganta eclipsó mi vida.

A un costado de la vida,
no soy la primera opción de nadie,
y tampoco seré la tuya…
como es de esperar,
pero, solo quédate un ratito más.

ÉL

Él no besaba mi piel ni mis labios,
él besaba mi alma… no sé cómo lo hacía,
pero se metía dentro, sin tapujos.
Tenía todo perfectamente planeado,
para que yo estuviera jodidamente
enamorada de él… sin vuelta atrás.

Se encargó de cada pequeño detalle
para que luego, una vez sin él,
los encontrara y no supiera qué hacer.

Me compraba rosas
una vez al mes,
y con ellas
traía siempre un libro.

¿Cómo no perder la cabeza por un tipo así?

Volvía a mi encuentro
desesperado
por más besos y abrazos
-como si estuvieran de oferta-
él los quería todos, y yo se los daba.

A veces, mientras yo me duchaba,
él se sentaba a leerme o me cantaba
y por las noches, acariciaba mi pelo
hasta dormirme.

Cuando se iba
me dejaba notas por toda la casa…
para que no lo extrañara,
y el día que se marchó
-para no volver jamás-
volví a esconderlas
para luego encontrarlas,
como si él me las hubiese dejado…
pero ya no era lo mismo.

Me dijo
que la rutina
no era lo suyo,
que cuando sentía
que comenzaba a amar,
necesitaba volar.

Dejó su cepillo de dientes,
un libro… un ramo de rosas
y una nota que decía:
"Espero que me puedas perdonar".

La rutina de los cobardes, le llaman.

Ayer escuché hablar de ti, nada sonó a roto aquí dentro. Creo que te perdoné y me perdoné, al fin ya no me dueles.

Cuando tus incendios ya no me invoquen más, sabré que te habré perdido por completo, ya que hasta la pasión se habrá extinguido.

Amando la *Luna*

A ella le encantaba hacer locuras, quizá fue eso lo que me hizo enamorarme por completo… sí, estaba idiotamente enamorado, no sabía la hora ni el día en que vivía, solo sabía que ella era la loca más hermosa que había visto. Apareció de la nada, como esas veces en las que uno gana todo, sin haber jugado nada… y llegó, iluminando cada peldaño del piso hasta mis pies, con esa sonrisa tonta que solo ella sabía hacer.

A su lado jamás la pasaba mal, siempre pintaba garabatos graciosos en mi vida para robarme una sonrisa, sin importar cómo tuviera ella su corazón por dentro. Ella no sabía estar triste, o al menos no sabía demostrarlo, y yo estaba convencido de que había nacido para conjugar la felicidad en mi piel; hizo más por mí que por ella, me devolvió el coraje que había perdido hacía un tiempo… y ella solo se limitó a decir lo que su corazón sentía, sin tener en cuenta las consecuencias.

Me decía que si todos viviésemos cada día como si fuera el último, jamás llevaríamos angustia dentro, por el miedo a no besar ni amar jamás, y que si ponía luciérnagas dentro de un frasco, solo para ver como brillaban, mi luz interior jamás se anunciaría al mundo por querer atrapar la libertad ajena.

Rompió cada mañana los esquemas de mis rutinarios días, y cuando llovía… salía corriendo a mojarse bajo la lluvia, ella sabía que ahí se encontraban los detalles que todos pasaban por alto… ahí estaba el secreto de la alegría que escapaba por sus ojos mágicos, esa clase de alegría que nunca más volví a ver en alguien.

Ella ansiaba que llegara la tardecita para mirar el cielo, me decía que amaba la noche, que en ella se podía encontrar y sentirse como en casa, que sus sueños se acunaban sobre las constelaciones y que algún día, cuando ella dejase de respirar… volvería a su hogar, la luna, para hacer el amor con el polvo estelar, si yo se lo permitía… estaba jodidamente loca y yo amaba eso de ella. Sus conversaciones no eran convencionales, hablar con ella suponía adentrarte en su mundo nuevo, como quien se mete en una casa antigua y olvidada, llena de moho y humedad, de a ratos inundada por la luz del sol colándose por las ventanas rotas y de a ratos oscura y fría… pero con un gran tesoro de recuerdos y momentos en su azotea o en el sótano.

La gente la aburría y solo se acurrucaba entre mis brazos para sentirse a salvo, cada vez se volvía más pequeña ahí, parecía un gatito enroscado buscando calor y mimos… sabía que se estaba aislando cada vez más, demasiado… y que algún día dejaría de hablar por completo… por su fobia a la ignorancia ajena y los prejuicios, entonces venía y se dormía en mi regazo, mientras yo le tarareaba canciones de amor, eso solo le bastaba para existir en calma. A veces ese silencio entraba en su vida repentinamente, y durante algunos días andaba como perdida, pero eso no la asustaba, solía llevarse muy bien con él, eran íntimos… tanto como la espuma que recorría su cuerpo cuando se aseaba, se veía tan bella… era una osadía verla sonreír mientras cantaba y reía al ducharse… juro que nunca vi tanta libertad junta en alguien, ella decía que era presa de sí misma, que su libre albedrío la condicionaría por siempre a vagar por el mundo entero, y que las anclas de su vida las había perdido el día que descubrió que escribir le permitía ganar las batallas más atroces contra los demonios que la acechaban.

Cuando se sentaba a leer, se perdía en su mundo, el mundo en el que ella volaba y conversaba con sus pensamientos, a los cuales amaba con todas sus fuerzas y solo con eso me bastaba para sentirme vivo, sabía que debía amarla el tiempo que durase, porque un alma de esas, no se puede retener, solo disfrutar. Yo sabía que ella necesitaba tanto de su soledad como de mi presencia, a veces, el equilibrio entre ambos era una delgada línea, como las hojas de sus libros y la de mi sonrisa mientras la observaba, en silencio.

SUCEDE

Sucede, que a veces
a uno se le seca
la piel
y junto con ella
las ganas
de sentir y de reír.

Sucede que a veces
el invierno se queda a vivir
en nuestras manos
y las caricias
que antes curaban,
se vuelven manicomios
sin antídoto.

Y el invierno,
también
se mete en nuestros ojos
y las miradas se vuelven frías
sin empatía ni compasión

y matan
con medio giro de la cabeza

y matan
cuando quitas tu mano de la mía.

Sucede a veces
que me quedo sin voz
y duermes del lado de tu cama
y pareciera que un abismo
nos separa
y tu duermes
sin importar si tengo frío,
o si en mis sueños
lo nuestro terminara.

SÉ QUE AÚN ME BUSCAS

Sé que aún me buscas
por los rincones perdidos
de este peligroso mundo,
donde alguna vez
solíamos amarnos
bajo la sombra de aquel árbol
que solo nosotros conocimos.

Sé que persigues
mis letras errantes
con el fin de solo sostener mi mano,
aun en la distancia
del tiempo y el espacio,
para poder saborear los recuerdos
de lo que alguna vez fuimos.

Sé que siempre algo nos unirá
quizá ya no es amor ni deseo,
solo es cariño sincero
y esa necesidad natural
de protegernos el uno al otro
por la promesa que hicimos
cuando éramos niños dichosos
de una inocencia sublime

que ni rastro de ella
queda ya en nuestros ojos.

DEBO CONFESAR

Debo confesar
que más de una vez
he mendigado amor,
que he sido persistente
en algo que no tenía pies ni cabeza.

-Me sentí humillada muchas veces-
fui un perro callejero
suplicando compasión con la mirada
y un barco abandonado en plena tormenta.

Me hicieron creer que no valía nada,
mientras mi corazón solo quería amar.

Debo confesar
que he rogado amistad
que he mendigado cariño
de quien creía sincero,
que mandé mensajes
hasta el cansancio...
solo para darme cuenta
de que las personas
no pueden dar lo que no tienen.

Debo confesar
que mendigué un lugar
a quien creí mi familia,
solo por querer pertenecer
y sentirme querida…
y me di cuenta más tarde,
que realmente no quería estar allí,
que mis valores y mis ideales
eran muy distintos.

Debo confesar
que he llorado por las noches
por creer que esas personas
se merecían
que les mendigara amor o cariño,
uno nunca debería estar listo
para hacer esas cosas,
uno debería nacer
sabiéndose valorado y querido.

A veces necesitamos
chocar contra la pared,
darnos de lleno con el dolor…
para aprender a diferenciar
quien merece nuestro respeto
y quien nuestra admiración.

GAME OVER

Estamos hechos para sentir,
para dar y recibir.
Mi corazón no es una máquina
que puede dejar de querer
de necesitar y de amar
solo cuando tú quieres.

Si quieres mi cariño,
toma… aquí lo tienes
(bien sabes que es sincero)
pero no esperes
que espere por ti,
porque el fuego y el agua
no son compatibles.

Ambas podemos ser mar
o quizá una bella hoguera,
pero si no vas a ser constante
no quiero tus migajas
no estoy para hacer el papel de idiota
ni para que me quieran a medias.

No nací para ser silencio
o para bloquear tu ausencia

y dejar de recordar.
La venda de mis ojos hace tiempo se cayó
no quería ver la realidad,
pero todo lo que llega también se va.
Te digo adiós, *"amiga"*,
conmigo no juegas más.

Puedes romperme el corazón, cariño,
ya sé cómo se siente. Yo también te lastimé.
-Cuántas veces me fui sin recordarte-
-Cuántas veces te fuiste sin despedirte-.

Necesito desaprender lo efímero de tus
palabras, lo breve que fuimos.

Escapar, no sé de qué

Intento escapar,
no sé de qué…
si nadie me persigue,
a nadie le importa
cuán lejos me vaya
ni la distancia de mis pasos
de su abrazo,
nadie necesita de mi cariño
ni mi compañía.

Ojalá yo te urgiera
como una buena medida de whisky,
o como esa necesidad que tienes
de cumplir con todos
menos conmigo.

Más me alejo,
más tiempo me pierdo
y las lágrimas se ahogan
en lo profundo del mar
como si fueran cómplices
de una mortal idea, tan nefasta
como tu indiferencia.

A veces siento
que soy invisible,
nadie nota que tengo frío
y que estoy tan cerca del final
como el sol sucumbiendo a la noche,

que sea eterna o no, ¿a quién le importa?

si me voy y nadie lo nota

quizá pido demasiado,
o quizá yo doy más de lo que se merecen.

La Tregua
(una esperanza)

Antes de cerrar
los ojos

ntes de cerrar los ojos, acostado en tu cama, piensas… reflexionas.

Tal vez haya sido un día difícil, miraste el reloj todo el tiempo y lo único que querías era volver a casa, quizá supiste apreciar el sol y aunque estabas cansado viste el cielo más celeste que nunca o aprovechaste la lluvia para mojarte y sentir cómo se limpiaba tu alma.

Sé que tienes sueño, pero antes de cerrar los ojos, mil cosas pasarán por tu cabeza, pensarás en lo rápido que pasan los años, en cuánto ha cambiado tu vida últimamente, ¿verdad?

Comenzará a rodar la película de tu vida en tu mente, y tú eres el actor principal, tienes todos los créditos, *tanto de las cosas que has hecho bien, como de las malas*, y esas… esas sí que pegan donde más te duele, tu conciencia no te engaña, sabes que has cometido errores y recordar esas decisiones te lleva a sentir ese nudo en el estómago que te quita el hambre, te dan náuseas, y el corazón comienza a sentirse oprimido, como si alguien lo estuviera pisando, como quien apaga una colilla de cigarro.

Entonces lloras, lloras por horas y piensas. Tu cama alberga tantas historias… ha recibido tus lágrimas y tu cuerpo hecho un estropajo cuando estás triste, simplemente está ahí, viendo cómo suspiras por eso que tanto te duele… si pudiera hablar, tu cama te diría:

—¿Recuerdas todas las veces que has venido a mí triste?, ¿cómo te levantaste al otro día? Supe acogerte toda la noche desvelado, mirando hacia el techo, hacia la ventana, dando una y mil vueltas, sin encontrar acomodo, porque lo que te molesta realmente está ahí dentro de tu corazón.

Hay cosas del pasado que ya no podemos cambiar, pero la mente divaga y piensas en todas las grandes decisiones que tomaste estando acostado, te dijiste a ti mismo estando allí:

—"Mañana lo haré, mañana cuando me levante será otro día y velaré por mí mismo/a, pediré perdón si es necesario, mañana me animaré a besarla/o, mañana dejaré mi trabajo y emprenderé el proyecto con el que tanto he soñado … mañana le diré adiós para siempre".

Han pasado tantas cosas sobre la cama, una buena parte de la película de tu vida se rodó en ella, imagina por un momento varias secuencias: amor, amigos, familia, desayunos, almuerzos, cenas, risas, llantos, cosquillas, abrazos, caricias, frío, calor, miradas, saltos, sueños, fiebre, soledad, nacimiento y muerte.

Tu cama sabe tanto de ti, ¿cuántas personas se han acostado en ella?, quizá hayas hecho el amor con uno/a, dos, tres o más de diez allí, imagina el sudor de esas personas ahí, el roce de su piel con las sábanas, ya han dejado su huella en ella, su perfume, cabellos, recuerdos… noches, tardes, mañanas… días enteros de pasión, o quizá solo de sexo por placer, latiendo en tu corazón aquel amor que no puedes olvidar.

Te pasaste horas enteras hablando con esas personas, discutiendo, planeando tu vida, viajes, hijos, el color que pintarían la habitación, reuniones con amigos, anécdotas… quizá fueron amigos o familiares que se acostaron a mirar una película, a mirar el techo y hablar de cualquier cosa, o hacerse los dormidos y dormirse de verdad.

Tu cama sí que sabe de ti… no puedes decirme que no, y a ella tampoco, cuando llegas rendido y te acuestas sin quitarte la ropa porque no das más del cansancio, a veces los años se te caen encima en un solo día; otras veces llegas ya sin ropa (pero porque alguien te la quitó antes), y antes de cerrar los ojos lo último que viste fueron los ojos de esa persona que tanto amas y te cambió la vida de un tirón, y al despertar, tibio entre las sábanas, un abrazo inaugura tu día para hacerlo más bello aún.

¿Cuántas noches te quedaste leyendo hasta tarde, hasta que el sueño te venció, y por la mañana alguien te trajo el desayuno, justo como a ti te gusta?

Seguramente haya tantas historias en tu cama como cabellos en tu cabeza, quizá la mires a veces pensando en todas las personas que estuvieron allí, cuán diferentes eran, tantas maneras de tomar café tenían, de cepillarse los dientes, de vestir, de caminar, de ser, de mirarte… de amar.

Tal vez la veas y pienses en cuánto has cambiado tú mismo, tus gustos, tus amigos, tu pareja, tus metas… tus ganas de vivir, pero en el fondo sigues siendo tú.

Tanto tu cama como tú tienen miles de historias que contar, pero ambos siguen siendo, en fin, los mismos, por más que cambies las sábanas, compres almohadas y abrigo nuevo, seguirá siendo la misma cama al final del día y eso quiere decir que tú, por más que cambies por fuera, que mudes de piel o de la ciudad donde vives, las personas y los lugares que frecuentas, siempre tendrás esa esencia que te acompañará a donde vayas, y que te identificará, al igual que aquellas cosas buenas y malas que has hecho y que recuerdas cada noche, antes de cerrar los ojos.

Mi querido Charles Bukowski

"Entiéndeme. No soy como un mundo ordinario.
Tengo mi locura, vivo en otra dimensión y no tengo
tiempo para cosas que no tienen alma"
Charles Bukowski

Me hubiera gustado,
entrar a tu casa,
un miércoles por la noche,
llevar en mi mano
unas cuántas cervezas
y sentarme a tu lado
a conversar de todo
y de nada a la vez,
a compartir el silencio
que tanto amamos
a sentirnos solos
pero en compañía.

Nos hubiéramos entendido
solo con mirarnos
y el primero que señalara el refrigerador
iría por más alcohol.

Hablaríamos por horas
de cuánto nos incomoda la falsedad

el perder personas
y a nosotros mismos a causa de ello,
y de cuánto cuesta
volver a encontrarnos
y sabernos vivos
dentro de este infierno.

Yo te hubiera dicho
que lamer la soledad
es como besar a quien se ama,
y tú me hubieras dicho
que el dolor que pesa dentro
se vuelve polvo
sobre las letras y el sexo.

La gente nos cansa
nos abruma, nos idiotiza,
solo nos salvan
los sentimientos sinceros
de aquellos que nos saben
de pies a cabeza
y nuestra egoísta
hermosa,
y excitante
soledad.

Mi órbita,
tiene solo un planeta

y lamentablemente,
gira siempre
ignorándome, de espaldas a mí.

Hice el amor con la tristeza

Hice el amor con la tristeza
una noche que me encontró
llorando desconsoladamente
sin saber por qué.

Levantó la cobija y suavemente
se fue subiendo sobre mí,
sentí un gran peso sobre mi alma
el pecho oprimido
casi no podía respirar.

Tenía un aspecto fúnebre
los ojos tristes
y el alma blanca como la nieve
estaba fría
su manos temblaban
mi cuerpo también,
no entendía bien
lo que estaba pasando…
hasta que de repente
comenzó a besarme,
besó cada una de mis heridas
y acarició mi cuerpo entero
cicatrizando todo lo que estaba
a punto de ebullición en mí,

yo abracé su pena
y en ese momento
fuimos una sola.
Poco a poco
sentí como mi piel se adormecía
ella se deslizaba sobre mí
olfateando cada rincón
dándome lecciones de dolor
de angustias y de lágrimas,
sin darme cuenta
estábamos ambas mirándonos a los ojos
sus ojos eran grandes y grises
casi transparentes…
su cabello largo y blanco
solo se escuchaba el tic tac del reloj
fue un momento mágico.

Entonces, cerró los ojos
metió su mano fría
por debajo de las sábanas
y acarició mi corazón
sacudiendo el polvo
que ella misma había dejado…
y quedé dormida
calmada
en paz…
sin dolor.

Se fue antes de que despertara,
había dejado a mi lado
una nieve hermosa...
me excitó su presencia,
y descubrí
que después de haber llorado tanto
mi alma estaba limpia,
se había curado... gracias a ella,
que con amor supo enseñarme
que a veces

       la tristeza

           también es hermosa.

Si todos se atrevieran a ser un poco más locos y menos cuerdos… sin relojes ni prejuicios, habría más gente sonriendo por las calles, por el simple y desinteresado hecho de hacer feliz a alguien más, aun sin conocerlo.

Quiero que te vayas, que hagas de tu libre albedrío lo que se te dé la gana… pero que al final, tus alas, siempre recuerden el camino a casa.

Ecos de una sonrisa lejana

Cada día cuando llego a casa
cuelgo los próximos inviernos
con los que ando a cuestas
en el armario, al lado de tus recuerdos.

Puedo decir, con toda certeza,
que en la casa aún quedan rastros
de tu sonrisa y de mis lágrimas
pero ya no me dueles.

Descubrí, que volver al pasado
a buscar culpables
solo me hacía más daño…
así que un día,
ya cansada de batallar con

-tus fantasmas-

prendí un incienso de jazmín
abrí todas las ventanas
y te envié todo el cariño
que tenía guardado para ti,
para que lo uses, en esos días
en los que te hace falta

quererte un poco a ti…
y en los que algún recuerdo mío
se asome a tu vida…
y oigas los ecos
de una sonrisa lejana
que alguna vez te hizo feliz.
Alejarme de ti
inconscientemente
es querer olvidar
una parte de mí
en la que también fui feliz,
y eso no está bien.

Uno debe amarse siempre
verse de lejos
con otros ojos y otra perspectiva,
sin querer borrar pedacitos
de nuestra historia
que nos convierten en piedras
a la orilla del mar
moldeadas a merced
de la tempestad o la calma.

Esta sonrisa lejana
(que ya no sé si recuerdas como se oía)
está hecha de veranos intensos
de charlas hasta la madrugada

de vino tinto y aceitunas…
de jazmines y girasoles,
y de todos esos rayos de sol
que entraron por la ventana en otoño
y llegaron adentro convertidos en invierno.

Cargo con todos los momentos que vivimos,
mas… no quiero olvidarlos… ¿de qué me vale?

Si fuiste el abrazo sincero
cuando todos se habían ido…
me volviste más fuerte y loca
más convincente y real
con tatuajes en mis brazos,
y trenzas en mi cabello.

Le diste el último giro inesperado a mi vida
me rompí más de la cuenta por dentro
con tu partida, deseé lo peor para mí
no podía con tanto dolor.

Pero al final,
tú no eras para tanto
ni yo para tan poco…

y aunque no todo sale
como uno lo planea,

te agradezco la compañía
que aún me haces
cuando necesito volver a cobijarme
en mi "yo" del pasado…
para apreciar los recuerdos
de lo que alguna vez creí que era
una amistad sincera.

La esperanza es lo último que se pierde.

Cordura, loca traviesa

Busqué por todos lados mi cordura
ni rastros de ella en la casa.

Dejó sus zapatos amarillos
y el cepillo de dientes…
(y eso que odia pasar muchas horas
sin lavárselos)
así que tomé mi abrigo
y salí a buscarla por la calle.

Pegué carteles de "se busca"
por todos lados,
pero luego recordé que con peluca
jamás podrían reconocerla…
y volví para buscar otra foto suya.

En todas se veía distinta,
así que intenté hacer un boceto
lo mejor posible de su cara,
y me di cuenta
de que jamás era la misma…
se disfraza de invierno
cuando quiere alejarse

y se viste de algodón de azúcar
cuando quiere mimos.

Nunca olvida su sonrisa loca
y le encanta mudar su piel de tatuajes
no es una cordura normal…
quizá por eso yo tampoco lo soy,
pero si se marcha…

¿quiere decir que seré simple y vulgar?

Si miro de reojo y muy rápido…
quizá la encuentre
pero el tiempo no vuelve,
y no quiero caer en la cotidianidad
de conformarme con la rutina
yo siempre hago locuras,
¡necesito mi atrevida cordura!

El reloj marca las 11:09 a.m. en punto
otra vez… y no es casualidad
la veo de lejos con su minifalda roja
y su cigarro en la boca,
sonriendo irónicamente
con su media sonrisa…

"vengo de putas", me dice…

bajo la cabeza, esbozo mi media sonrisa

y luego la miro y le digo:

"ya te andaba extrañando, loca traviesa".

"
*Me cerraste las puertas de un terreno baldío,
me viste de frente, y eso, te dio más miedo
que el fin del mundo.*
"

"
*Nunca, ningún cuerpo, me dio tanto calor,
como para estar a salvo el resto de mi vida, y
eso, es un acto impagable de amor y bondad.*
"

JESSICA GONZÁLEZ

EN LA BELLEZA DE LA NOCHE

Tengo
la plena certeza
de que nada es eterno,
y que la vida es fácil
si no la complicamos.

He dejado de hacer promesas
solo para cumplir lo que digo
y he dejado de esperar por otros

mientras vivo el día a día

ya que la gente suele sufrir más
cuando espera algo
que depende de otra persona.

Solo somos
un puñado de momentos y recuerdos
apoyados a una pared
viendo el sol entrar por la ventana
anhelando ser felices
segundo a segundo.

Suelo pensar, en silencio
que soy un alma añeja

como el vino tinto
atrapada en este cuerpo,
destilando un sopor de soledad
con matices de alegría.

Dos por tres
recuerdo personas
que aún me duelen dentro
las saboreo
les doy una y mil vueltas
las sigo por la espalda
acechando su presente…
y cuando recuerdo
que están mejor sin mí,
(que ellas fueron las que se marcharon)
doy la vuelta hacia mi realidad.

Empiezo a contar del uno al cien
todas las veces que he fallado,
repaso cada error,
lo olfateo, le busco una razón
y una sensación extraña
recorre mi cuerpo…
cuando llega a mis manos

lo escribo

       me curo

            me sano.

Poco a poco me convertí
en un alma llena de tanto mundo dentro
que olvidé decirlo todo
y me volví silencio
mientras miraba el cielo.

Las personas creen
que basta con ver pasar estrellas
y pedir un deseo… para cumplirlo todo
mientras lo único que yo hago
es admirar la belleza de lo que siento

cuando la noche se mete por mis ojos…

mientras que ella me cuenta
de todos los deseos
que no pudo cumplir
por haberse quedado mirando
mis ojos cerrados…
que no pedían *nada a cambio.*

MI MUSA, LA POESÍA

Perdón por escribir sin rima,
mi poesía ha nacido libre y loca.

Ella también fue adolescente
y un día no supo cómo cargar con su dolor
y se suicidó, *o al menos eso creía ella.*

Diez años después,
sentada en el escritorio de mi trabajo,
apareció de nuevo.

"No he muerto", me dijo
levantándose la camiseta
y señalando su vientre.

"No tengo ningún rasguño,
¿puedes notarlo?,
aunque no traigo zapatos…
Solo fui a dar un paseo
para que ambas
encontráramos el momento justo
para empezar de nuevo
y hacer locuras como las de antes…"

Y tenía razón,
volvió más loca que nunca,
pero ¿quién soy yo para juzgarla?
-Si soy tan volada como ella-

Se mete en mi vida,
en los momentos más inapropiados,
casi, no me quedan segundos
para estar a solas…
pero debo confesar
que ha aliviado mi alma,
había olvidado
cuán bien se sentía su compañía,
porque con ella
todo es más fácil, más liviano.

Conversamos por horas
cuando nadie nos ve.

Ella me dice
que nunca más me abandonará
que tiene miedo
de olvidar el camino a casa, a mí.

A veces no me deja mantener una conversación
me tira una avalancha de ideas,
"este dolor es bueno para el libro", me dice,
y yo me pregunto:

¿Cuándo tendré tiempo de escribirlo?
"¡Algún día, ya verás, algún día…!"

Y se va, con una sonrisa de oreja a oreja,
como si supiera
que su acto en esa escena
está por acabar.

Sonrío, muevo la cabeza,
me tomo un sorbo de café,
y se me aparece
haciendo burla,
en la espuma…
hasta que nuevamente se va,

porque sabe que ya escribí
"Personas con sabor a café".

"

... Y de pronto, encuentras unos ojos,
de los cuales no quieres irte más,
-la tregua, tu tregua-.

"

"

Hay compañías que se vuelven eco de una
sonrisa compartida desde el corazón.

"

NO QUIERO SER NORMAL

Yo no quiero ser normal
a mí me mata la rutina
quizá por eso estás conmigo
porque soy rara cariño,
soy muy rara.

Yo quiero inundar tu mundo de poesía
y romper el molde contigo.

No quiero prometerte nada
el suelo está lleno de promesas rotas
y ya han lastimado mis pies
¡así que vamos!
invítame a salir otra vez,
hace tiempo que no hacemos nada loco
y quién sabe…
quizá puedas quitarme la fobia
de hablar por teléfono
de una vez por todas,
sabes que no me va bien hablar.

El cielo se ha llenado de estrellas muertas
y nosotros estamos sucumbiendo a su tristeza.

Tu pecho tiene el calor justo
para hacerme olvidar la muerte
y me recuerda también
cuánto silencio te cabe dentro.

ELVIRA SASTRE

"Estaba loca, joder, estaba loca.
Tenía en su cabeza una locura preciosa.
¿Cómo no iba a perder la puta razón por ella?"
Elvira Sastre

Deja que esta efímera mañana
me tome por sorpresa
como oyendo tus versos por primera vez,
que no quiero creer que estás lejos
porque yo siento que me lates dentro.

Porque oír tus poemas
frente al espejo
es como verme a mí,
con otra voz, en otros versos,
es como apretar el gatillo
sabiendo que volveré a nacer
en cada letra,
pues tus labios pródigos
profesan en mí la vida eterna.

El descanso me ha encontrado preguntándome…
¿en dónde has estado metida
todo este tiempo?
Si yo andaba con el alma rota

procurando meter dentro las primaveras
que tú llevas en tus bolsillos,
y no me ha quedado más descaro
que el de escribir mis propios versos
para aprender a amarme

sin la previa locura
de encontrar tus huellas
por todos lados,
a vista ciega
aun sin pausas ni manos
que anuncien que sabes que existo.

Déjame decirte
que mi hogar está bajo la luna
allá donde las estrellas
acunan tus sueños y tus tristezas…
y no hay placer más grande
para esta alma escondida

que saber que tus ojos leyeron
todos las locuras
que en mi corazón anidan

Quizá el suspiro que eché al viento
al acabar de pensarte
llegue a tu vida,

como brisa en la mañana
entrando con el sol por la ventana
para llenar de inspiración lujuriosa
tu mirada, al voltear a mirarla a ella.

*Hay ángeles en mis sueños
rozando el revés de mi espalda,
Morfeo se deleita con la vista
y yo beso -tu palabra-.*

*Llegaste siendo nada,
y te fuiste siéndolo todo.*

LOS INNOMBRABLES SIN MEMORIA

Hoy vestí de rojo mi alma,
estoy de duelo.
Hoy sangraré en versos
lo que llevo dentro.

Suavemente tomé una pluma
la más filosa
y abrí mi pecho,
justo allí
donde dicen que vive
el núcleo del universo.

Un olor a rancio
impregnó el ambiente,
mi corazón cubría
una manta de muerte
yo misma le había destinado
a yacer en su lecho
por recurrir a un sentimiento
que poco a poco
se había vuelto en *rencor latente*...
y caí rendida
ante semejante delito,
declarando un silencio permanente

para aquellas palabras
que destruyeron mi mente.

Uno a uno
exilié de mi alma
a todos aquellos sentimientos
que envenenaban mi mirada
y les dije adiós
a todos mis viejos amores
a todas las personas
que creí amigos
a todos los que apuñalaron mi espalda
en un dulce abrazo
a todo lo que forzosamente
no me permitía crecer.

Puse un sello a mi boca
para dejar atrás
todo lo innombrable y ensordecedor.

Cavé un pozo
que llegó al tuétano de la tierra
y ahí enterré todas las palabras
cargadas de decepción y desconsuelo.

Una vez acabado el ritual
miré al cielo, di las gracias

y olvidé todo lo que anteriormente
había pasado.
Comencé a amar de nuevo
a cada uno de ellos
les envié luz y paz a sus corazones
les pedí perdón y me perdoné
dejé de castigar y de castigarme
dejé en blanco por completo el pasado
como si nunca hubiera pasado nada
como si nunca mi corazón
hubiera estado de duelo.

Viajar

Dime algo, cariño,
que no me hayas dicho ya,
sabes que estoy poniéndome vieja
y los sueños se empiezan a arrugar
junto conmigo.

Quizá mañana sea tarde
para subir esa montaña
o para meternos desnudos al río.

¡Vamos!,
toma coraje,
hagamos locuras
como en los viejos tiempos,
sabes que me gustan
las aventuras y las sorpresas.

Todo lo que siento
ya sea alegre o triste
me recuerda
que aún estoy viva.

Me encanta robar sonrisas por la calle
hacer cosas inusuales,

como preguntar
a qué hora pasa el tren
en lugares donde no los hay,
o bailar y cantar
en pleno centro comercial.

No guardo nada para mañana,
mis bolsillos están vacíos
el futuro no me asusta
si es que incluye algún viaje.

Así que prométeme, cariño,
que no dejarás que nada te ate
te invito a ser feliz,
llevo dulces en la mochila
así que no tienes excusas.

Todos mis amigos
emprendieron sus caminos,
algunos tienen hijos
mientras otros solo quieren progresar,
y no digo que esté mal, amor,
pero yo solo quiero viajar.

Cuando tenía nueve años
hice mi primer viaje
lejos de mi hogar

y desde entonces solo oigo voces
que me dicen:
"Debes viajar, debes viajar".

Vamos que se hace tarde, cariño,
no acumules para después la felicidad
demos una vuelta al mundo,
y si no es en ochenta días
¡que nos lleve una eternidad!

No hay nada que inventar

¿Qué escribir,
que no se haya escrito ya?
si el mundo es poesía
y tú me vives dentro.

El mundo se alimenta
de almas fugaces
que absorben el néctar de la vida
segundo a segundo
mirada a mirada
cobrando detalles
perdidos en el tiempo
de una vaga ilusión
y efímera esperanza.

¿Qué escribir que manos laboriosas
no lo hayan hecho ya?

Si el poeta no vive su vida,
el poeta respira dolor, alegría.
Respira el hollín de un pasado
que congeló sus huesos
y por eso da pasos
sobre sueños olvidados

y toma flores prestadas
de jardines que aún no existen.

El poeta duerme
con los ojos abiertos
para vivir y sentir dentro
de cada alma en pena...
y deja que la noche
se le meta por los ojos
y que la naturaleza
haga su trabajo.

Entonces los suspiros
las tristezas, se vuelven versos
que bañan sueños olvidados,
tejiendo esperanza
en todos aquellos
corazones despiadados
de quienes no tuvieron
tiempo ni añoranza.

El poeta muere en letras, en versos,
en párrafos, en pensamientos...
su corazón no late dentro
su corazón ya se ha deshecho
procurando reparar
vacíos existenciales ajenos.

DIABLO

Juro que a veces veo al diablo.
Me persigue los pasos de cerca
olfatea mi corazón
como perro hambriento,
observa detenidamente mis pecas
trata de hacerme sentir mal,
siente placer
con cada lágrima que cae.

Pero otras veces se asusta
sabe de lo que una mujer es capaz
sabe de los mil demonios
que llevamos dentro
sabe del peso de un desamor
en el pecho
de lo que una palabra hiriente
nos provoca…
a veces sabemos ser crueles,
nuestras armas están hechas
de seducción y sinceridad.

Entonces, cuando menos lo espera,
cuando cree tenernos a sus pies
un latido profundo

enraizado con el corazón de la tierra
lo toma por detrás
y le entrega su conciencia,
esa que sabe
que está haciendo
las cosas mal.

MI RAZÓN, TÚ

Respiré hondo caminando hacia atrás
una luz encandilaba mis ojos
la brisa era suave como de primavera.

En el limbo de la distancia y la cercanía
nuestras almas se encontraron,
hace miles de años
ya estaban destinadas a conocerse.

Imperio tras imperio,
civilización tras civilización…
vida tras muerte y viceversa.

Me dijiste que te aterraba
mi manera de escribir,
que no sabías de dónde
sacaba mi inspiración
que parecía que hubiera vivido
mi vida al derecho y al revés.

Lo tomé como un cumplido,
pero me dio un poco de temor,
entonces decidí dar un paseo con Cronos, procurando
alguna respuesta
para calmar mi ansiedad y tu intriga.

Fui al ritmo de la sangre
que corría por mis venas
y me sumergí en el fondo del mar
de mis miedos, sentí el pánico
que me da la profundidad
de los recuerdos.

Pasé frente a todos
mis errores y victorias,
a veces cabizbaja
otras con la frente en alto
observando todo detenidamente
con mis ojos de niña,
más curiosos que nunca.

Me torturé con las oportunidades
que dejé pasar, pero agradecí
por todas las que vinieron después.

Vi pasar una y otra vez su partida,
sentí cómo el corazón
se hacía añicos nuevamente
y mis lágrimas
comenzaron a inundar el sendero
por el que marchaba,
las paredes de aquel lugar
comenzaron a derrumbarse sobre mí,

me sentí asfixiada
y el cansancio me venció.

Como pude escapé hacia un lugar seguro
mi soledad, mi habitación,
la naturaleza… mis letras.

Todo comenzó a girar
y me camuflé con las partículas del sol,
una vez allí,
Cronos me contó de mis otras vidas,
de todos los amores que había llorado,
de todas las aventuras
que en mi corazón
y en mi piel palpitaron,
de las amistades que perdí y gané
una y otra vez en muy poco tiempo,
de los amores platónicos
que nunca llegaron a ser,
del verdadero amor
que conquistó mi corazón,
de los momentos simples
donde se encuentra la felicidad.

Me habló mucho… mucho de mí
y de todo lo que yo había vivido,
pero el centro de la conversación
no era yo, no… ese no era el fin.

Miré hacia mis costados
y comencé a ver
personas corriendo de un lado a otro
desesperados por bienes materiales
como si la vida
nunca se les fuese a acabar.

Dejaban pasar tantos detalles hermosos
sus bocas solo hablaban vanidades
y yo los sentía tan fríos y vacíos.
Entonces comprendí
que mi deber era escribir,
escribir y escribir,
sobre todo lo que las personas creen saber
y tampoco ven frente a sus narices.

Para eso me fue casi imprescindible
pasar y sentarme un rato por cada corazón
y cada mente de las personas
meterme en su piel,
sufrir a la par y llorar
para poder entender
por qué actuaban así…

a casi todos les dolía algo
aunque demostraran lo contrario,

todos tenían una espina
que los lastimaba.

Y al final lo importante
no era mi historia,
no eran mis otras vidas
ni mis tristezas y alegrías…
eran los demás, y por ellos
comencé a llorar
y sanar en letras,
por y para ellos
empecé a escribir *de esta manera.*

LA CHICA
Solitaria

*H*oy mis ganas escurridizas por contarte un poco de mí están desquiciadas, no puedo retenerlas, pero por favor, no te asustes de lo que vas a leer, simplemente soy yo, diminuta, sentada en una silla gigante, explicándote lo que hay en mi ser.

No soy una de esas chicas destacadas, con las que te cruzas por la calle, saludas y dices: "Qué chica más simpática, qué amorosa… es tan agradable… ", no, es más, si me cruzas, ni siquiera verías mis ojos, porque siempre voy perdida en mi mundo, viendo… pero no observando, esquivando miradas, roces, conversaciones.

No me gusta la gente, la multitud, que me miren a los ojos, soy muy solitaria… llevo en mi piel la alquimia del oro en versos.

Yo sé que estoy loca, tengo pájaros en mi cabeza, y trenzas en mi corazón… siempre tengo ideas descabelladas y absurdas, pero me mantienen viva y feroz.

Me gusta conducir y bajar la ventanilla, sentir la brisa en mi cabello y reír al cantar alocada esa canción que tanto me gusta y que repito una y mil veces al día.

No me gusta llorar, nunca lloro por lo que me pasa, hasta que un día de tanto acumular dolores me desbordo *y la casa se vuelve un mar de lágrimas, me ahogo.*

Me emocionan los actos simples, los detalles, los buenos gestos… las sonrisas inocentes de quien ama por primera vez, las lágrimas de quien siente un gran vacío en su interior… porque sé lo que se siente y vuelvo a revivirlo cada vez que alguien se me sienta al lado, entonces lo abrazo y soy feliz o triste a su lado.

No soy la chica con la que todos buscan conversar, porque siempre trato de pasar desapercibida, me escondo tras los ojos de quienes callan un mundo, y bebo de las copas de quienes guardan secretos. Mis pies pocas veces están sobre la tierra, porque todo el tiempo vuelo, viajo y no tengo dónde posar y anclarme, mi vida está en el cielo. Pocas veces habito entre otras personas, me cuesta entender su realidad.

Me agradan las personas sinceras, neutras… aquellas que viven en el limbo, como yo, aquellas con las que en su alma, te puedes sentir como en casa… aquellas que no mienten ni falsean, que se puede ver en su interior a través de su mirada.

Soy más de los amaneceres y atardeceres, y estoy perdidamente enamorada de la luna y las estrellas, tengo pedacitos de todos ellos en mí y todo el día pienso una y otra vez en los detalles que la mayoría dejan pasar… me pierdo en momentos, mi mente divaga por el infinito de un segundo y me vuelvo suspiro en un abrir y cerrar de ojos.

Así soy yo, me llevo mejor con mis pensamientos que con la gente, debo admitirlo, me cuesta horrores socializar, no me gusta hablar… solo escribir… a no ser que sea con una de esas personas que siempre te dejan con ganas de un poquito más, con sed de conocimiento, con hambre de curiosidad. Quizá algún día, después de tanto escribir, me anime a gritar todo lo que mis letras escritas esconden, el revés de un dulce cuerpo acostumbrado a la sombra de su propia alma.

Alguien

Alguien se tiene que animar
a decir todo eso que nos da vergüenza,
alguien nos tiene que sacar la careta
de santos y puritanos...
alguien tiene que dar la cara
por los errores que cometemos
y no nos animamos a decir,
alguien tiene que hablar de dolor que sentimos
pero escondemos detrás de una sonrisa,
alguien tiene que dar el primer paso
y esa, voy a ser yo.

Yo, que he pecado,
que desperté por la mañana
con toda la resaca de mis errores.

Yo, que llevé en mi frente
un cartel de promiscua,
que me señalaron con el dedo
 y me retiraron el saludo
solo por ser diferente a ellos,
por hacer en público
lo que ellos hacían a escondidas.

Yo, que abandoné personas
en los peores momentos,
que robé corazones sin buenas intenciones,
que me acosté llorando y amanecí vacía.

Alguien tiene que decirlo
que más de una vez nos acostamos con la espina
de saber que no hicimos lo correcto
que debimos pedir perdón
o haber abrazado más.

-Alguien-

Yo, que fui al cementerio
solo como un juego
y cuando lo perdí a él
no quise ir nunca más.

Alguien tiene que decirles
que se puede *volver a amar*
que el *primer amor* no siempre es el único
y que los *amores virtuales* son tan reales
como el dolor que causan cuando se van.

Alguien tiene que decir
la puta verdad sobre los "amigos"
algunos son una mierda
y otros una intensa poesía.

Siempre termino dando
más cariño del que debo
pero los gastos y el interés generado
siempre son mayores, todo lo bueno vuelve.
Todo pasa.

Alguien tiene que decir
que los raspones de la rodilla
dolían menos
que un corazón roto.

Alguien tiene que decir
que la vida a veces cuesta
pero no es difícil,
a veces nos la complicamos demasiado,
nos cerramos las puertas
mientras el sol se escabulle
por las rendijas de nuestros ojos.

Alguien tiene que contar la verdad
alguien tiene que hacerse cargo
del costo de la felicidad.

PALABRAS

Fue un asesinato
a plena luz del día.

Ellas
jurando ser inocentes…
y yo
invocando
todos los demonios
de mis adentros
después de ser escritas
asesinaran a sangre fría
todo lo que sentía por ti.

Me pidieron que escribiera bonito
que fuera delicada,
que me diera mi lugar
y no dejara
mal mi reputación…

Me pidieron
que le diera rima al amor
que conjugara el cielo y la vida…
y yo, solo pude invocar

la muerte del *–dolor–*
de la manera más tierna posible

escribiendo poesía.

Tu Sonrisa
(la luna en creciente)

NO, NO ERES
mi otra mitad

Te conocí justo en el momento en que ya estaba completa, y no por eso dejas de ser importante. Entiéndeme, no preciso de ti para ser yo, yo puedo vivir sin ti, no eres mi media naranja ni mi otra mitad, yo ya existía antes de ti, ya había llorado mil amores y de cicatrices tenía lleno el corazón.

No preciso que me levantes el autoestima, no es necesario tenerte a mi lado para poder sonreír y ser feliz… ¿pero sabes por qué? Porque primero tuve que aprender a amarme para no necesitar nada de eso.

Primero tuve que sufrir, caer y volver a levantarme para salir adelante. Tuve que llorar noches enteras, tuve que curar a diario a mi corazón herido y vacío. Tuve que dejar de esperar que alguien viniera a repararme, porque a nadie le importaría más que a mí misma verme bien, verme triunfar.

De a poco me fui valorando, fui aprendiendo a respetarme, me di cuenta de que no necesitaba de otra persona para sentirme feliz o completa, de que yo realmente podía lograr lo que me propusiera, me fui queriendo.

Ocupé mi mente en otras cosas; leí, creé, corrí, trabajé, estudié, salí de fiesta, tomé, lloré y volví a reír en una sola noche. Me encontré a mí misma tantas veces desconsolada, que no me quedó otra opción que abrazar mi alma, como nadie lo había hecho jamás, y lo logré, me costó dolor, pero del dolor aprendí, del sacrificio obtuve grandes recompensas.

Descubrí grandes valores que amé con todas mis fuerzas y me aferré a ellos como mi caballito de guerra, el amor propio, la humildad, la modestia y la empatía levantaron mi frente, me sentí completa, plena y feliz... Y fue en ese momento en el que te conocí, el momento justo en el que podía recibir a alguien en mi corazón, el momento en que mi vida estaba en equilibrio y en paz.

Y no por esto dejas de ser importante, porque ahora soy más feliz aún, todo se multiplica, porque te amo y me amo, y no hay armonía más hermosa que esa. Con el tiempo aprendí, que después de que logras aceptarte a ti misma llega lo que te mereces, no antes, antes llegan aventuras pasajeras que no son dignas de ti ni tú dignas de ellas. Antes aprendes, experimentas y tomas nota. Mientras tanto, creces... y te preparas para ser feliz.

¿A MÍ ME VIENES A HABLAR DE AMOR?

¿A mí me vienes a hablar de amor?
A mí, que reprobé mil veces
con mi primer amor,
que lloré noches enteras
y mi almohada estuvo húmeda
más de tres años…

A mí, que probé más de…
(mejor no digo cuántos labios)
solo para tratar de encontrar
el sabor de los primeros.

A mí, que caminé por la calle
muerta en vida,
con una sonrisa en mi cara
y con el corazón hecho trizas… ¿a mí?

A mí, que la venganza
quiso conquistarme con tus recuerdos
y tu nuevo historial de amores,
a mí, que aprendí a jugar con fuego
en pleno bosque, sin miedo a quemarme.

A mí, que la lástima me vio en la plaza
y vino a darme limosnas de dignidad,

a mí, que la piel se me endureció
por falta de caricias cuando te fuiste.

A mí, que me vinieron con tragos baratos
a tratar de conquistarme…
sin saber que yo
ya había estado en coma etílico
por haber tomado todo
lo que se me cruzó,
intentando olvidarte,
vomitando a la mañana
tu último adiós.

A mí, que mi segundo gran amor
estuvo a miles de kilómetros,
que me hizo de papel la confianza,
que me dejó esperando
con la maleta y el corazón en las manos…
a mí, que pensé que para él
yo era real
y que dolió tan fuerte
por segunda puta vez.

A mí… que creí que eso
no me iba a pasar,
que no jugarían conmigo,
sin embargo, volví a romperme

en mil pedazos,
sufriendo y tragando todo ese dolor
en silencio… a escondidas,
esperando no despertar más,
deseando, en pocas palabras,
morir, para no sentir tanto dolor otra vez…
¡Mierda!,
¡y otra vez volvió a pasar!

Pero al menos esa vez,
mi almohada estuvo húmeda
solo por uno año.

¿A mí, me vienes a hablar de amor?
Yo, que jugué a la ruleta rusa
sabiendo que solo quedaba una bala de ida,
sin regreso, al azar,
todo por mandar a la mierda
lo poco que creí que me quedaba…

a mí, que la vida me dio otra oportunidad
cuando lo conocí a él.

Yo que pensaba que nunca más iba a amar,
yo, que gané la lotería sin jugar…
yo, que siempre pensaba lo que iba a decir
antes de hablar, antes de existir…
yo que tenía todo perfectamente calculado

¿a mí me vienes a hablar de amor?

¿Sabes qué?
Ven, te escucho…
háblame de amor,
porque es lo único que me recuerda
que gracias él, estoy viva,
y que día a día
hay un mundo de cosas para aprender.
Ven, háblame de amor.

LLEGASTE INTACTO

¿Cómo pudieron tantas almas
pasar por desapercibida *tu existencia*?

No logro entender
cómo alguien como tú
llegó sin tropiezos hasta mí,
íntegro, sin un raspón… intacto
como sin historias pasadas
como si no hubiera nadie
en el mundo
que impidiera tu llegada a mí.

Debería hacer un conjuro
de gratitud con la vida y el universo
por cruzarme con tu mirada
con tu sonrisa
con todo lo que tu ser implica
porque eres noble de principio a fin,
porque siempre
me haces sentir *rosa*
entre tanta maleza
y porque nunca alguien supo
lo que iba a decir
incluso antes de pensarlo.

Amas mis locas manías
en las que siempre
te vuelves cómplice
y eres estrella fugaz
de mis sueños y locuras
eres mi inspiración
mi rayito de luz y cordura
cuando mi mundo se viene abajo
y me dices que no importa
la distancia del resto,
porque aun estando a centímetros de ti
siempre me sientes lejos
y esa es la excusa perfecta
para abrazarme aún más.

Te veo con los pies arraigados a la tierra,
y con la mirada en lo lejos
como buscando siempre hacer más.

Jamás conocí a nadie tan leal
tan bondadoso, tan fuerte y débil a la vez
porque en mi pecho te arrullas
y el mundo se detiene.

Abres los ojos
conquistando la mañana
convirtiendo en proezas

las pequeñas simplezas del día,
y aunque a veces tu silencio me preocupa
porque sé lo que te duele dentro
y jamás te animas a decirlo
con mis caricias y la felicidad
que ambos creamos
segundo a segundo,
tu corazón latente se divierte
como niño entre mis brazos.

Tu sonrisa, definitivamente,
es mi refugio favorito.

Yo ya creía en ti aun antes de conocerte,
ya te amaba, ya te andaba esperando
por la orilla del río de mi alma, por ahí,
donde mi corazón como luciérnaga te
iba dejando pistas para encontrarme.

A VECES VUELVO

A veces vuelvo,
a veces me alejo…
pero la mayoría de las veces
me pierdo, conscientemente
entre mis pensamientos,
me vuelvo pequeña, muy diminuta…
te oigo lejos, mi corazón no escucha.

Te volteas a verme,
y de esa manera
le das luz a todas mis esquinas…
me haces sentir desayuno
de tus instintos primarios
y me besas,
me desnudas el pecho…
el alma se estremece y me hago gigante,
de tus sueños… esos que callas
pero anhelas.

Entonces, cuando lo pienso,
me confundo, me aíslo de ti y de mí…
de todo lo que hace que seamos nosotros.

Me voy lejos, pero aún sigo ahí,
y me pregunto:

¿Qué queda del futuro si en mis atardeceres
no estás tú para tomar la foto?

Poesía sobre tu espalda

¿Y qué me dices
de dar la vuelta al mundo?

Tú te callas, cierras los ojos,
te pones de espalda…

y sobre tu espalda
la poesía es mucho más hermosa

Entonces,
tus lunares me ponen de cabeza
y ya no preciso
aprontar las maletas,
doy la vuelta al mundo
subiendo a tu pecho,
y termino boca abajo
mordiendo todos los versos
que tenía guardados para ti.

LO QUE NUNCA LLEGA A SER...

Éramos dos almas perdidas
en el tiempo y el espacio,
cuando hablábamos
todo se detenía
incluso mi corazón.

Su mirada tenía sabor a canela,
esa que sientes de lejos y de cerca deseas
pero sus labios...
sus labios eran una locura
y sus besos el pasaje a otra dimensión.

Él no era una persona cualquiera
su corazón estaba repartido por todos lados
y a mí no me importaba qué parte me tocara,
pues él me robaba las sonrisas que creía perdidas.

Soñábamos con salir a caminar
tomados de la mano,
observar las estrellas
desde las montañas por la noche
y hablar a la par de nuestros ancestros...
amaba oír su voz hablando de ellos.

No precisaba de palabras
para saber lo que pensaba,
él me conocía,
me hacía sentir especial
y me susurraba al oído
todo el tiempo palabras
que no eran de este mundo
en él habitaba la locura extrema
nunca envejecí a su lado.

Él era de esa clase de amores
que nunca llegan a ser,
de los que no pasan de sueños
palabras bonitas y deseo ligero,
de esos que luego se llenan de tristezas
y hojas secas.
Uno de esos que uno lo recuerda como:

¿Qué hubiera pasado si…?

> *No hay versos más dulces, que los que he escrito sobre tu piel.*

> *No olvides mirarte al espejo y sonreír a la persona que estará contigo en las buenas y en las malas.*

VUELVO A SER YO

Vuelvo a ser yo,
cuando volteo a verme
en tu mirada pacífica
esa que me calma y me hiela
esa que me devuelve a mis esquinas
las más inquietantes e infinitas
las que me recuerdan la distancia
entre la luna y mi sombra.

Vuelvo a ser yo,
cuando lamo mis heridas
cuando cubro de sol mis cicatrices
cuando pinto de amor mis paredes
cuando suspiro entre letras felices.

Vuelvo a ser yo,
cuando me tapo hasta la cabeza
cuando siento el vapor húmedo de mis sueños
cuando alzo mi voz por lo que valgo
cuando descubro a cara limpia
cuáles son los amigos falsos.

Vuelvo a ser yo,
cuando me devuelves la mirada

cuando acaricias mi cara
y me entregas el mundo,
cuando me recuesto sobre tu pecho
y recuerdo
que ese, es el único lugar
al que quiero pertenecer siempre.

ANONADADA

¿Cómo no quedar anonadada?

Si llegas vistiendo esa sonrisa

luciendo esa mirada

sin pedir nada a cambio

rompiendo todos los esquemas

todos los malditos prejuicios…

irrumpiendo en mi vida

en mi mente

en mi deseo.

ESPERO

Espero no te sofoque
todo este amor
toda esta lujuria
y esta necesidad innata
que tengo de ti, cariño.

He puesto
mi alma en venta
para pagar la alegría
que tus ojos me provocan,
he puesto mi vida
como garantía ante ello.

Espero no te duermas
sin que el cielo nos vea
hacer el amor
en la cima de la montaña
y no haya forma más hermosa
que la de descubrirte
siendo incendio en pleno invierno.

Espero no te molesten
todos los versos que llevo dentro
a veces suelen escaparse

por mis ojos
en miradas seductoras,
o por mis manos
en tiernas caricias insinuantes,
o en mis suspiros
llenos de placer sin vergüenza.

Espero y anhelo
ver tu cuerpo sobre el mío,
con la luz encendida
mientras hacemos el amor
para ver tus gestos
y aprenderte de memoria
y de recuerdos,
así luego
podré sentir tu aroma
entre las sábanas y piel,
mientras sonrío pícara y lujuriosa
luego de haber visto tu espalda
presentada por la luna.

Cada hora espero ansiosa
para volver a tu reencuentro
para ser flor entre tus brazos,
y girasol entre tus piernas…
o el elixir de tus labios hambrientos
para calmar tu sed de pasión.

POR LA NOCHE

Esta noche
afloraron todas las emociones
esas que hace días
se vienen escurriendo
por mis ojos
sin permiso,
estos…
que siempre te miran con deseo.

Esta noche es especial,
algo está cambiando dentro de mí
puedo sentirlo, está ahí
esperando inminente
que yo dé la mínima señal
para dar el gran salto
que me liberará de mi zona de confort.

Siempre estamos
en continuos cambios
y tenemos la fastidiosa costumbre
de atarnos un poquito
a todos lados…

Esta noche las estrellas
acunaron mis sonrisas

nuestras pláticas
mis recuerdos…
pude sentir tu calor
proveniente de la hoguera
que calmaba mis ansias.
A veces, para mantener el equilibro
necesito volver a mi pasado
para darle una razón a mis heridas
para sentir el escozor de tu risa en mí.

Cada noche muero un poco
cuando te vuelvo a sentir
y me vuelvo a reinventar
cada mañana
procurando sea…
siempre un poco mejor
un poco más *corajuda*.

*Dulce travesía la de tus ojos que
descansan en mi mente.*

*Yo que siempre amé la libertad,
le puse tu nombre a ella.*

Las fases de la luna

Te adentras, en mi cuerpo,
como rocío en la noche
llenando de humedad
mis labios, mis ojos… todo.

Los abrazos se vuelven
un viaje de ida y vuelta
como olas del mar,
sacudiendo y arrocando
todos los sentimientos
que llevamos dentro
despojándonos
de todas las historias
que nos hicieron
hasta ese momento.

Tú te vuelves viento
yo noche estrellada
y juntos creamos
la tormenta más hermosa
la menos esperada…
creándonos así
a la imagen de la luna.

Mi piel brilla, y tú la lames
como si fuera lo último que hicieras
antes de morir
entonces me vuelvo cielo
fulminante
y tú... mi galaxia favorita
atemorizante,
el lugar perfecto para nutrir mi alma.

Entonces descubro día a día
suspiro tras suspiro...
que veo las fases de la luna
todas las noches
en tus ojos

antes de dormir.

JURO QUE ÉL NO LO SABÍA

Él no lo sabía…

Yo… lo miraba,
lo miraba y juro que él, no lo sabía.

Amaba su pasión, su constancia
algo que a mí… a veces me hacía falta.

Yo lo observaba
de cerca y de lejos
a paso seguro y de ojos cerrados
con la mente sucia y la boca abierta.

Lo estudiaba, le buscaba la vuelta.

Su hogar siempre sería el mismo
irrevocable y eternamente el mismo…
en cambio yo, yo era de todos lados
no había puerto seguro para mí.

Yo era una loca empedernida
enceguecida con la idea de vivir…
de vivir donde sea
que la vida misma llamase,
y eso, a él… no le gustaba.

Éramos tan libres desde nuestra soledad
que a veces olvidábamos
que éramos uno solo.
Yo lo miraba ir de aquí para allá
pero siempre en un solo lugar.

Moverse, para él,
era estar pendiente de que
la distancia a su apego
no fuese demasiada…

en cambio para mí
era pertenecer siempre a él
pero a veces,
lo más lejos posible
de todo lo que nos ataba.

Yo era loca,
él lo sabía desde un principio,

lidiar con mi libre albedrío no era fácil

y ser común, me hacía infeliz.

Yo solo quería ir de su mano,
al fin del mundo.

Yo lo miraba y juro que él, no lo sabía…
que a donde quiera que fuésemos
para mí, él…

       él era poesía.

El reencuentro

El día, que me reencontré conmigo misma
fue verme al espejo y reconocerme,
encontrarme y abrazarme...
fue estallar de felicidad en una sonrisa
(que sin saberlo, no tendría final)
fue brincar de alegría por mi regreso
fue mirar el pasado
desde la experiencia y sin dolor.

El día que me reencontré conmigo misma
fue un pellizco de realidad a la vida
fue la llegada de una carta perdida
un rostro conocido en un país lejano
una hoguera encendida entre las montañas

y una bofetada inesperada en la cara
por haberme ido lejos de casa
durante tanto tiempo.

Ese día sentí un gran alivio
al ver ya más cerca
el escalón que estaba

-entre el próximo invierno
y mi última tristeza-

allí donde el *nudo* de la garganta
desaparece por completo.

El reencuentro fue tan grato
que quería anunciarlo en todas las radios
para que la sintonía fuera de alegría
y para que tus labios
murmuraran un "te amo"
sin darme cuenta
de que ya me tenías entre tus brazos.

Regresar siempre es bueno
cuando se trae algo positivo entre las manos
entre las letras que me cobijan
y me recuerdan que el pasado
no es nada más que un truco
para cortejar el futuro.

A ciencia cierta y a ojos cerrados

La poesía y el sol
han abierto mis ojos
descubrí
que sin luz
solo somos
un par de idiotas…
buscándonos a tientas.
Mi perspectiva de amarte
ya no es la misma
y no porque te ame menos
menuda locura esa
todo lo contrario…
lo digo porque
la revolución que vive en mí,
abre mi mente y mis entrañas.

No quiero darle paz a tu mundo
quiero ser aquella
que no puedas borrar de tu mente
quiero que saques fuera
la locura que llevas dentro
que hagas todo aquello
que aún no te has animado

que ames con fuerzas
sin miedo al qué dirán…
quiero que te sueltes
que te desates
que pierdas la cordura
que grites
y me lances al mar de tu abismo.
Quiero ser la pestaña
que se ha metido en tu ojo,
la que te molesta, pero es parte de ti
esa que en mi pulgar,
pidiendo un deseo…
cumplirá nuestros sueños.

No quiero que tengas miedo
quiero que dejes de balbucear temerario
quiero que tu verborragia
salga directo desde el corazón
y que de una vez por todas
salgamos en busca de aventuras
para llegar a la cama, de noche, cansados…
pero felices.

Yo no quiero ser tu musa delicada y tierna,
quiero ser el terremoto que te despierte
y te haga tomar la primer decisión
que creas más correcta,

quiero ser esa conversación
que nunca te animaste a tener con nadie
quiero llenar tus manos de sueños
de fronteras y cielos estrellados
quiero que seamos ruta
por mar y tierra... *a ciencia cierta*
y a ojos cerrados.

Yo no soy la clásica ama de casa
yo quiero sacarte de ella

quiero borrar con besos los límites de tu mente

quiero acercar con un abrazo
al hombre tierno y espontáneo
que vive dentro de ti.

LO QUE QUIERO
para ti

*Y*o quiero que la vida, a ti mi amor… te hable bonito, que las rutas siempre te lleven por el mejor camino, que el paisaje siempre te muestre el lado más hermoso de la vida, y que el calendario solo tenga sábados y domingos para que descanses tu corazón y tu mente, y disfrutes del placer de no tener que hacer nada, eso que a ti tanto te cuesta.

Yo quiero que todos los semáforos, para ti, siempre estén en verde… que se te llene el pelo de esas canas hermosas que empiezan a lucirse, para anunciar que ya no somos tan jóvenes como cuando nos conocimos, pero que tampoco estamos tan viejos como para viajar como siempre soñamos, y repetir ese viaje a *Lago Puelo* del que nos enamoramos, ver de nuevo la Cordillera de los Andes, esa que divide la diferencia entre querer y poder, entre darse cuenta que es ahora o nunca.

Yo quiero que el viento sople a tu favor, que los malos ratos te sean leves y las calles, cuando necesites un escape, sean cuesta bajo, siempre. Quiero que sonreír y soltar te sea tan fácil como respirar y que te animes a decir todo lo que llevas dentro, sin miedos, que enfrentes los problemas y los desacuerdos como lo que son, una oportunidad para expresarte y para liberarte, también quiero que todos los gatos negros que se te crucen, te ronroneen en busca de cariño, como Tito y Ronquita.

Yo quiero, para ti, una valija siempre pronta, para poder escaparnos del mundo cuando el aire nos pese demasiado, y una puerta siempre abierta… para que, al volver, sepamos que estamos en nuestro hogar… no importa el lugar… si en él estamos tú y yo.

Necesito que, a tu lado, las horas se vuelvan eternas, como el primer día que nos besamos… al lado del calor del fuego, con unas copas de vino encima, los labios morados y esas ganas de que el tiempo se detuviera justo ahí, ese momento en el que te das cuenta de que estás siendo feliz. Ese día, mi pasado se borró con un beso, fue algo así como un golpe de quien avienta una puerta, sin mirar atrás para saber si realmente se cerró, porque simplemente no importaba… pues jamás volvería ahí… ya no era necesario, el presente sabe mejor.

Quiero que tus metas no se echen a estropear por el "qué dirán", o por las responsabilidades con las que cargas, quiero que te sientas libre, que todo lo que pienses sepas que eres capaz de hacerlo y disfrutarlo, que eres joven y no estás atado a nada, que nadie debe ponerte límites ni techo y que si algún día nuestros caminos ya no siguen el mismo rumbo, recuerdes que siempre amé tus alas, porque no eres mío ni de nadie, solo le perteneces a tus ganas de vivir y de conquistar el mundo… pero mientras, agradezco que compartas esas ganas conmigo y trataré de ser la mejor copiloto en este viaje que juntos emprendimos y que día a día nos enseña a amarnos de mil maneras, aun cuando el silencio y el cansancio te ganan y solo me hablas con los ojos… y ese se convierte en el lenguaje más exquisito que jamás practiqué con nadie.

Yo quiero para ti, mi amor, que el río y el mar conspiren a tu favor, y te devuelvan un poco de las miradas y las horas que les dedicas en verano.

Para ti, quiero ser como ese vaso de whisky que tomas para descansar tu alma, para relajar tu corazón, ese que bombea a mil la responsabilidad de cumplir con todo lo que te rodea... incluso con aquello que escapa de tus manos; para ti tengo todo ese cariño que a veces te hace falta de aquellos que amas, aunque regañes entre dientes que está todo bien, *aunque se te crucen por la cabeza todos aquellos verbos que se quieren poco...* aunque tu amor a veces se sienta pequeño para alimentar mi alma y me digas que te cuesta sacar fuera el dolor.

Yo solo quiero que haya paz en tu corazón, que al despertar por la mañana sientas que tienes todo bajo control, que el reloj no es necesario y que solo el café con leche sea lo único que no debe faltar en nuestra casa... aparte de mí.

Quiero que por la tardecita, nuestra mayor preocupación sea llegar a tiempo para ver la luna y las estrellas, para darle de comer a los perros y las gallinas, y que por la mañana el olor a café inunde nuestra vida... como el rocío que vemos por la mañana en el pasto a través de la ventana, aparte de:

los caballos

y las vacas

y los pájaros

y las gallinas

y los perros que juguetean alrededor de nuestra casa.

Yo quiero que todo el año sea primavera y verano para ti, que todo sea progreso en tu interior, porque lo material no vale nada... y que los obstáculos solo sean parte del paisaje... pero sobre todo, quiero que aprendas a amarte y que jamás (aunque solo dure un instante), me dejes de amar de esa manera tan bonita y pura, esa que solo tú logras demostrar... a tu manera.

Hay tres clases de historias
que me gustan contar,
las que cuento con los ojos húmedos
luego las que cuento con una sonrisa tonta
y por último, mi favorita,
la que cuento de ambas maneras
al hablar de ti.

Si vieran cómo sonríe cuando le
dicen que es hermosa...

Los garabatos de la vida

Espero
agazapada,
una señal,
que me dé un puntapié
para actuar.

La vida
me dio una tregua,
un pequeño papel
con garabatos e indirectas…
quiere que la vaya a encontrar.

Otra vez ese escalofrío
recorriendo mi piel.

Me muevo de un lado a otro
olfateando mi éxito…
nunca supe a dónde ir,
pero al menos
ahora sé muy bien lo que quiero.

Miré sin miedo hacia el pasado
y no me dio pena dejar todo atrás
nunca me sentí tan viva,

tan llena de luz.
Jugué al azar con mis sueños
lo aposté todo… y gané.

Todo es más claro ahora,
bebemos una, dos, tres copas
de un buen vino tinto
mientras esperamos
por alguien más…

hasta que aprendemos
a saborearlo y disfrutarlo
para nosotros mismos.

Descifré los garabatos de la vida
y en todos decía:

"¡Levántate, perra!
¡Ve tras tu felicidad!"

Ahora no hago otra cosa
que alejarme de los demás
solo por corretear mis sueños,
todas las voces
me parecen tan absurdas y vacías
que al final no sé qué está bien o mal,
si ser feliz o buscar un equilibrio…

¡maldita perra!
buena tregua me diste

no puedo parar.

ME PRESENTO DE NUEVO, MUCHO GUSTO

No lo estoy invitando a salir,
no quiero irme de compras con usted
ni pasarlo a buscar por un buen rato
aunque eso podría pensarlo,
mi invitación tiene otra intención
mucho más pretenciosa que esa.

Yo quiero invitarlo a mi vida…
a que pase y se siente en mi cama,
a que hagamos de ella nuestro refugio,
no solo para aquello,
(usted me entiende…)
sino para pasar horas enteras conversando,
quiero leerle hasta que se duerma
y acariciar su pelo antes de que se despierte.

Yo quiero que pase y mire
cómo está todo de desordenado en mi vida,
soy media rara, sí, le aviso de antemano…
pero quiero, que más que tomar un café
se quede para todo el tiempo
que tenga que durar
esto

que usted y yo
venimos trabajando hace años.

Sí, me presento de nuevo…
mucho gusto, aunque estemos casados.

Yo quiero enamorarlo todos los días,
pasar, si es necesario, malos ratos…
como ya lo hemos hecho,
para continuar reafirmando
que es a su lado que quiero estar
cuando todos se hayan ido.

Yo quiero que aprenda
a conocerme cada día…
quiero que la rutina
no se nos tire encima,
que los secretos solo sean nuestros
y no ajenos, yo a usted lo amo, sin rodeos.

No me interesan los rumores del fin,
yo solo quiero que se pasee
por mi corazón,
y que vea cómo va el tema
de la remodelación.

Estoy trabajando duro en ello,
recuerde que le pedí que ame mi esencia
no mi cuerpo,

porque un día seremos viejos,
y mientras usted recuerde mi nombre
yo siempre tendré un lugar en su pecho.

La mujer que amo

A la mujer que amo
no le gusta hablar en público
pero sabe leer a las personas
solo con mirarlas
observa sus gestos
actitudes y movimientos.

La mujer que amo
es sensible y fuerte a la vez
pero no siempre lo fue...
le costó noches de lágrimas
le costó varias heridas
le costó verse al espejo
ver cómo ella misma
había permitido que la lastimaran.

Con valor y coraje
dejó de despreciarse
y con cada puntada
cosió de amor su corazón.
Vio su propia sombra,
y ya no se asustó.

La mujer que amo

emprendió un largo viaje
hacia su propia conquista…
frecuentando libros,
sintiéndose bonita
pintó sus labios de pasión,
se sirvió una copa de vino tinto
y suavemente comenzó
a escribir su propia historia.

Ella sabe más de lo que te imaginas
ella no es ninguna tonta, ya no.

Ella carga mil historias en sus ojos
no queda huella alguna
que no hayan leído sus pies.

La mujer que amo,
aprendió sola a decir que no,
a alejarse de quienes la lastimaron
a dejar de frecuentar lugares
donde no se sentía cómoda.

(Si ya no la ves tan seguido
ya sabes porque es…)

Nadie mejor que ella
para construir su propio mundo,

y encontrar en él… a quienes siempre
le roban una sonrisa.

La mujer que amo,
soy yo.

IRÓNICO AMOR

Me aprendí de memoria
cada rincón de su cuerpo
sus pecas, sus lunares
sus arrugas, sus gestos…

También recorrí con besos
cada uno de sus defectos
y me enamoré,
juro que me enamoré de ellos.

No encontré perfección más profunda
que la de sus suspiros…
ellos me hablaban
me decían lo que sus labios no se animaban,
le dolía el alma, y quise repararla
pero se negó.

Me ofrecí para unir cada hilo
de sus caricias afligidas,
pero no hubo caso, también se negó.

Una noche, consumidos
por el deseo y la pasión…
la amé, la amé con todas mis fuerzas

y con mi mirada… sus ojos brillaban,
y su fuego se extinguió, y con él su dolor.

Al amanecer la busqué entre las sábanas
pero no la encontré,
se había esfumado
con todas sus cosas y su vida
de mi casa
de mis momentos
de mis almohadas
de mi ojos húmedos…
de mi ser y mi corazón.

Una vez allí, con todo el mapa
de su cuerpo en mi mente
recorrí una y otra vez sus huecos
y sus espacios llenos de alegrías y tristezas,
busqué y busqué algún pedacito
de mí en ella,
fui a los lugares que frecuentábamos
la luna y las estrellas no sabían de ella,
pero yo veía en todas partes del cielo
las constelaciones de sus lunares.

Pregunté a la tierra,
las flores y sus raíces
por las vanidades más grandes

que había en sus manos
y en su frente, pero no supieron decirme
de su paradero…
se predecía una agonía inaguantable.

Pero un día, cuando abrí las ventanas
de la casa en la mañana,
ya resignado a encontrarla, la vi.

Estaba regando mi jardín de sueños
con sus virtudes,
y me enamoré aún más de ella,
había vuelto con toda su bondad
y me dijo que se había demorado
porque vio que yo solo quería
completar en ella
lo que a mí me faltaba,
y me enseñó a amarme a mí mismo
para que no tuviera
que precisar de ella para respirar.

Al presentarse frente a mí, como luz,
con todo lo que su ser implicaba…
me abrazó tan fuerte
que fuimos dos almas completas
en una sola semilla de eterno amor.

Creo en la magia de tus manos, y en el beso dormido de quien ama a tientas.

Entre líneas, podemos comernos a versos.

POEMA PARA MÍ

Nunca me han escrito un poema.
Así que le pedí a alguien muy especial
que me conoce hasta el tuétano…
que me dedique uno.
Se sorprendió ante la propuesta,
pero enseguida consintió,
con su cabeza y su pícara sonrisa.

Se puso nerviosa, miraba el cielo
acarició su cabello más que nunca
y con toda la calma, luego, comenzó a escribir:

Puedo decir con toda autoridad que te conozco,
ahora ya sabes quién eres, ¿verdad?
Sabes muy bien lo que quieres y lo que no.
Costó llegar hasta ese estado
interior que llevas,
pero realmente valió la pena, ¿no?

No prometo que siempre serás así,
porque día a día
estás en continua transformación
y eso es lo que mantiene fuerte tus huesos
y gigantes tus sueños.

Tu ambición es grande, quieres llegar lejos…
y lo lograrás, pero en el camino
más personas se irán
y *nuevamente dolerá*, lo siento.
Pero así como unas se van
otras nuevas llegarán
y renovarán tu energía
con lo que más amas
la luna, el sol, la tierra, el mar…
la noche se meterá por tus ojos
y avivará cada rincón de tu cuerpo
recorriéndolo suavemente
como caricia imborrable.

Tendrás que continuar
con tus rituales internos
esas voces en tu cabeza
y la energía que te rodea
son las que te hacen sentir
la magia en todos y todo.

Eso es un don y lo sabes,
aunque a veces
te robe más de una lágrima
es lo que te permite ayudar
a los demás con sus penas,
meterse en su piel.

Eres mucho más fuerte de lo que crees,
seguirás llorando
ante todo lo que te llegue al corazón

que no te dé vergüenza,
pocos tiemblan ante la humanidad...

así que cuando estés a punto de derrumbarte hazlo, sabes
que es necesario
debe doler bastante dentro
para volver a recordarte *cuánto vales*
y cuán breve es la vida.

¡Mírame! Te siento libre,
eres capaz de lograr cualquier cosa
y aquí siempre estoy para oírte
cuando todos se han ido.

Siempre seré el faro que te guía
el instinto que te grita
te amo así tal cual eres
rara y callada a veces.

No sabes falsear ni adular a nadie,
eso te irrita...
así que ve a caminar sola,
escribe un rato como gustas

que yo me quedaré por aquí
enjuagando las sábanas
de nuestros errores
para dejarlas bien blancas
y recordar… que "todo el mundo falla"

Apenas terminé de leer el poema
un alivio inundó mi ser,
solté la pluma y me fui a caminar
sola, por ahí, con mis ideas locas,
esbozando una tonta sonrisa
de amor propio.

HACERTE EL AMOR

Tanta gente
queriendo hacer la guerra
queriendo conquistar el mundo
queriendo encontrar vida en otros planetas
queriendo ser ricos y famosos
queriendo borrar lo imborrable
o queriendo comprar cosas impagables

Y yo aquí…

                    solo quiero

                              hacerte el amor.

Amigas inesperadas

Hay personas…
mejor dicho amigas,
que llegan a nuestra vida
y plantan sus raíces
y nos riegan con mimos
los huecos del corazón…

Y nos abren los ojos con besos
y nos llenan el alma de abrazos
y abren las ventanas
para ventilar nuestra casa,
y nos hacen ver
cuánto espacio había allí.

Y en ellas descubres
almas generosas
que te entregan más
de lo que creías merecer,
pero en realidad es porque siempre
te habían acostumbrado a migajas.

Y entonces conoces
lo que es el cariño sincero,
desinteresado

y ellos nos prestan sus alas
y nos meten en su corazón
porque su amistad no tiene límites

y al fin te sientes como en casa ¡y qué bueno!

El tiempo es relativo

El tiempo
es muy relativo, ¿sabes?
Está en todos lados y no es ciego.

Lo puedo ver, ahí…
las arrugas comienzan a instalarse
justo a un costado de mis ojos.
Dicen, que cuanto más feliz eres
la sonrisa se queda a vivir en tu cara
y como seña de ello,
se convierte en líneas
minuciosas y delicadas,
llenas de experiencias y sabiduría.

Entonces el tiempo cobra vida,
y a veces color…
en las hojas de los libros
ya viejos y olvidados,
que ahora se toman
un merecido descanso,
como las canas de quien,
todo ya lo ha entregado.

Puedo ver el tiempo
en las curvas de mi cuerpo

él me ha enseñado
a amarme intensamente,
y suavemente me ha dicho al oído,
con todo el cariño y el respeto
que ya no tengo veinte años.
El tiempo todo lo puede cambiar
en un instante,
de un beso enamorado y apasionado
podemos pasar al adiós eterno y doloroso
y en un suspiro el corazón se quiebra,
comenzando el luto más amargo.

Así, como un jazmín nace
radiante y exquisito,
otra planta muere ante el despecho
de quien no supo valorarla y cuidarla.

Un día estamos y al otro no
un día amamos y al otro lloramos
un día aprendemos y crecemos
otro nos miramos al espejo
y entendemos con años
cuán relativo es el tiempo.

Poema Breve: Laberinto.
Aún sigo buscando la manera de salir de ti.

No es necesario mostrar caras ni cuerpos bonitos
a quien sabe leer la mirada y el corazón.

Trabajar en mí

Se quedó dormido mientras le leía
lo tenía entre mis brazos
muy cerca de mí
miré sus ojos,
ya cansados
por el peso del día
y sus labios,
los más hermosos.

Podía sentir su respiración
muy cerca de la mía
era como respirarlo a él,
a él y todo su ser...
y eso, me daba paz.

Acaricié lentamente su cara
cuidando que no despertara
no podía dejar de mirarlo...
¡él me hacía tan feliz!
a su lado sentía que lo tenía todo.

Entonces, se dio media vuelta
y quedó rendido otra vez ante el sueño
pero antes

me miró con ternura,
sus ojos brillaban
y me dijo que tenía que trabajar…
"mañana", le dije

Y él susurró…
"No, tengo que trabajar más en mí
para que nunca me dejes"

Yo me abracé a su espalda
esa que está llena de constelaciones,
agradecida y enamorada…
y con un suspiro de paz
quedé rendida ante él y el sueño.

YA NO MEREZCO...

Ya no merezco amores baratos
de una noche,
ni ver cómo te vas rápidamente
luego de hacer el amor
para dejarme en claro
que es solo es para un rato
y que tu cariño, no pasa de hoy.

Ya no merezco que me juzguen
por cuántos han pasado por mi cama
ni esperar esos mensajes tiernos
que sé que no llegarán,
ya sé quién soy ahora y lo que valgo,
no es necesario pensarlo más.

Ya no espero que alguien
me haga sentir querida e importante
me he otorgado ese honor
a mí misma.

Ya no merezco mirar mi reloj
a cada minuto, esperando
verte llegar por esa puerta
que sé que no cruzarás.

Ya no merezco migajas de nadie,
soy mi propio plato principal
y también mi postre favorito.

Sé cuáles son mis prioridades
la primera es amarme a mí misma
para luego amar a los demás
y saber diferenciar
una compañía sincera
de una compañía con interés.

Ya no merezco llorar
por causas perdidas,
por corazones que otros lastimaron
y flores marchitas que nunca a mi llegaron…
ya no.

No pienso gastar más letras
en personas que no están,
que dejan a la vista
sus almas sucias,
su falta de empatía y bondad.

Merezco lo mejor
porque yo siempre he dado lo mejor de mí.

DESEO PARA MI PRÓJIMO

Deseo para ti
con todo mi corazón
todo eso que tú no deseas
las cosas que pasan por tu vida
desapercibidas.

Deseo que al despertar
estés agradecido
por un día más de vida,
por los rayos de sol
que entran por tu ventana
o por la brisa que acaricia tu cara
al abrir la puerta.

Deseo que tengas tiempo
para hacer todas esas cosas
que vienes postergando,
que vayas y abraces
a quienes amas
como si fuera la última vez
siempre,
que mires más rato
a los ojos de las personas

que veas en ellos
lo que realmente te dicen
que te detengas
al oír los pasos venir
de la persona que amas
y tu corazón se regocije
en ese simple instante.

Deseo que disfrutes
de cada comida,
que saborees bien los gustos
de cada ingrediente,
y que al beber agua recuerdes
que no estás en el desierto.

Deseo que cuando abraces
lo hagas con sentimiento
no por compromiso
y que aprietes bien fuerte
porque esos abrazos
son los más sanadores.

Deseo que aprendas
a vivir con tu pasado
que lo aceptes y te ames a ti mismo,
que los fantasmas
de un tiempo lejano

no te perturben,
sino que puedas mirarlos
de frente con orgullo.

Deseo que la próxima vez
que alguien te desaliente,
logres quitar de ellos tu atención
y tu tiempo
nadie merece sentirse menos.
Deseo que te detengas
a mirar el horizonte
y que en vez de pensar
en lo que no tienes,
mires a tu alrededor
y te sientas vivo,
que sientas cómo corre vida
por tus venas
y cómo el motor
que te late dentro
pide a gritos riesgos.

Deseo que el miedo
no te aplaque
y que intentes una y otra vez
triunfar en lo que amas.

Deseo que al mirarte al espejo

te sientas satisfecho,
porque la vida es corta
como para andar
con uno de a rastras.

Deseo con todo mi corazón
que desees de una vez por todas
ser feliz sin importar
las deudas
las enfermedades
los olvidos de quienes creías importante
los días nublados
las discusiones efímeras...
todo aquello que te quite la calma
bórralo de tu vida
sal fuera
toma una gran bocanada de aire
y vive... que la vida es un suspiro
y en menos de lo que piensas
estarás bajo tierra
con todo lo que ahorraste
para disfrutar algún día
cuando tuvieras tiempo de ser feliz.

SIEMPRE SEREMOS UNO

Tu sonrisa no siempre existirá
tu piel suave y tibia
tus suspiros al dormir
mi cuerpo frío al abrazarte
mis pies entrelazados a los tuyos.

Todo se desvanecerá algún día
habrá grietas en el suelo
el sol dejará de latir ardiente
nuestro hogar
se llenará de vegetación y sombras
seremos solo un recuerdo
en el espíritu de nuestras almas
que deambularán en el infinito
de nuestro amor constante.

Tú y yo seremos uno
como siempre lo hemos sido,
aún desde antes de conocernos.

Solo se oirán ecos de nuestras risas
en la eterna felicidad.

Seremos mariposas,
aves de rapiña

tierra fértil
moho invasor
pero siempre
siempre,
seremos uno.

Alguna vez me dijiste que el cielo sin estrellas no sería cielo, que las noches nubladas no merecen llamarse noche y más aún, si no las duermes sobre mi pecho.

El único lugar de tu vida en el que mereces que yo esté, es en tu pasado.

201

El puto día

Podría decir
de mil maneras,
o con un silencio insolente
que atreviese mis ojos
que el lenguaje que nos unía,
que nos convertía en "nosotras"
dejó de existir
el día,
el puto día…
que tu interés, fue más allá
de lo que no se ve
y de lo que vale de verdad.

Mirando el mar
veo cómo se ahogan
poco a poco los recuerdos
que juntas creamos
con miradas… que sentí sinceras
con abrazos,
que llenaron ingenuamente
esta idiota manera
de sentirme querida…
sin saber, que en tu corazón,
solo había espacio para ti

para lo que venías alimentando
dentro de tu pecho, tu ego.

Y caí a un precipicio,
donde mi única compañía
fue tu desprecio, tu ausencia
mi dolor… el miedo a querer.

Volví a perder la confianza
en la amistad,
en una de esas almas
que son las que están
a pesar de todo,
a pesar de la lluvia
la tormenta
la piel seca
las manos agrietadas
el monedero vacío
la voz entrecortada
el alma partida en dos
y la sonrisa malgastada.

Pero aprendí,
el tiempo cura todo
todo pasa, y poco a poco
sin miedo… uno deja que el lenguaje

se extinga del todo
cuando ya no hay palabras
para describir algo
que ya no existe,
y más aún en el atardecer
cuando otra nueva compañía
o una latente,
se asoma,
y te invita a ver el sol.

YO

Nací un jueves
11 de setiembre, de 1987
a las 01:48 horas de la madrugada.
Tenía el pelo negro azabache
como la noche
y el brillo de los ojos de mis padres
fueron las primeras estrellas que vi.

Antes de que lo pienses
no tengo nada que ver
con las torres gemelas,
ese día cumplía catorce años
y aún no sabía
del impacto en el mundo
de ese acontecimiento,
hoy hace que mi sangre hierva
ante cada atentado.

Los planetas se alinearon
para organizar mi vida perfectamente
incluyendo caos, silencio, soledad,
y maravillas exquisitas, breves,
pero perdurables en la memoria.

Treinta años después
mis padres aún siguen siendo
mis estrellas favoritas,
y creé mi propio universo
para abastecerme de coraje
para cuando el mundo duela fuera.
Aprendí a amarme,
y ahora me siento árbol frondoso
en una eterna primavera.

Mis raíces, nutridas por mis hermanas,
ecos de una sonrisa lejana
alimentan mi corazón con cuidado
y me recuerdan siempre
que no hay lugar más hermoso
que ese que se encuentra
entre sus brazos.

Hace tiempo que vengo en caída libre,
me arrojé desde un precipicio
el día que empecé a escribir de nuevo
y *ha sido el riesgo*
más hermoso que he corrido.

Las verdades que más me dolieron
me las enseñaron personas
que creí amigas, personas

a las que les di todo sin dudarlo…
y en un abrir y cerrar de ojos
me quitaron el alma de un tirón…
eso es bastante jodido, lo admito

¿pero saben qué es lo lindo de todo eso?
el abrigo del abrazo que viene después
todas esas otras personas que llegan
de un largo viaje, como de otras vidas
a quedarse… no importa cuánto
a mimarte el alma y hacer
que le des otra oportunidad
a la vida misma.

La vida se encargó de poner en mi camino
a las personas correctas,
con las palabras justas y necesarias
para que vaya tras mis sueños,
y me encanta que el camino de ida
sea tan agradable como el de regreso
porque eso significa

que ya no duele nada, nada duele.

Se hace tarde y debo descansar
pero no importa si estoy despierta o no,
vivo un sueño que todos anhelan…

y se llama felicidad,
pero él a veces me dice
"duerme nena, duerme,
deja de llorar, es solo felicidad"

Verte en guerra

De seguro no fue fácil,
verte rota, dolida... en guerra.

Reconocerte
a ti misma,
debió doler tanto...
como aprender a besar tus heridas
luego del escozor
de una gran pérdida.

Poco a poco
te amaste
caricia tras caricia... a tu alma.

Sé que te costó verte al espejo
con la mirada perdida
y un invierno intenso en las manos
con cicatrices
de una lucha mortal
entre tus miedos y tus sueños

pero ganaste, saliste victoriosa

al fin estás en paz...
lo puedo notar en tu cabello

tiene vida al caminar
y tu cuerpo
muestra señas claras

de que la primavera está por llegar.

VERSOS ROTOS

Yo no quiero amargura
quiero alegría y menos cordura
en tu sonrisa,
quiero soles en tus ojos
para resguardarme en ellos
cuando hace frío
y quiero lealtad en tus manos
esas que votan
por más guerras de almohadas y besos.

Yo quiero robar, con su permiso
todos esos versos rotos
astillados, malgastados
que jamás fueron terminados…
porque antes
se les atravesaron mentiras
ausencias, inviernos, depresión.

Quiero todos esos versos
que nunca brillaron
por culpa de lágrimas y dolor
quiero arrebatar todas esas letras
que quedaron reprimidas dentro
por un nudo en la garganta
y jamás llegaron a tener voz.

Yo necesito cobijarlos,
darles calor y luz, un espacio…
para que puedan renacer,
no puedo dejar que ellos
anden desperdigados por ahí
en busca de un alma
que los sienta y les genere algo
más que lástima o vergüenza
y de una vez por todas
les dé vida.

Yo quiero llenar mi boca de versos
heridos y estropeados
para besarlos,
sanarlos,
y convertirlos en magia.

Yo quiero salvar el mundo
con actos y con poesía
esa que hay en tus ojos,
y más aún
con la que llevas sobre tu espalda.

POEMAS INÉDITOS
Poesía rota

AMOR INCONCLUSO

Poco a poco
comienzas a desdibujarte
te me vuelas
te me escapas...
tu recuerdo se hace polvo entre mis manos,
y yo te pienso, *aquí te extraño.*

He pasado durante mucho tiempo en este lugar,
en esta habitación sin paredes
sin límites, sin principio ni final
porque nuestra historia fue inconclusa
intensa, tormentosa.
Pero debo confesarte,
que aquí vengo a amarte cuando ya no puedo más
con el tonto intento de olvidarte.

¿Sabes?, es difícil,
(más que difícil -*doloroso*-)
amar a una persona
que te dejó con lágrimas en los ojos
y el corazón hecho trizas
cuando más necesitabas que se quedara.

Dime, ¿qué se siente?
Muero por saber cómo un dolor así enaltece tu ego,
tu orgullo…
porque, yo aún te amo, ¿lo sabes verdad?

¿Qué se siente saber que una persona rota te ama así?, tan
intensamente, con cada parte de un corazón
que *tú mismo* reconstruiste
y luego soltaste porque no pudiste con tanto amor,
dime, ¿qué se siente?

Alguna vez fuimos felices
estoy segura de ello,
sé que te hice reír,
que pensaste en mí más de la cuenta
que miraste mis fotos y fui tu diosa
que me extrañaste tanto
que por suerte te tragaste tu orgullo
y me escribiste para saber cómo estaba…
extraño tanto eso de ti,
extraño esa persona que alguna vez se preocupó por mí.

Ahora todo es ausencia,
insípido, incoloro, triste… *muy triste.*
Créeme, este cuerpo está realmente triste.

¿Cómo puede un cuerpo estar triste?

Es difícil darle un final a algo que no tuvo un principio,
es como intentar abrazar el aire
o intentar olvidar tu voz,
eso es totalmente ridículo.

Sé que algún día,
ya no serás lo primero en lo que piense
sé que dejaré de entrar a nuestro chat
solo para verte en línea con alguien más
y dejaré de revisar tu perfil, tus fotos,
tus listas de Spotify...
todo lo que tenga que ver contigo,
sé que lo haré.

Pero aún no puedo,
necesito deshacerme de este dolor transparente
que lloro con otras excusas, con otras lágrimas
y con otro cuerpo.

Estoy cansada de repasar cada rechazo,
me lastimo a mí misma
con la intención de odiarte
y de convencerme de que te fuiste
porque no sientes nada por mí
y no porque fuiste un cobarde.
Necesito que pese más la primera razón.

Necesito repetirme a mí misma una y mil veces
"no le importas", *"no te ama"*
para ver si logro hacer mella en mi dignidad
y así poder irme de una vez por todas de este lugar
al que vengo a amarte cuando no puedo más
con el tonto intento de olvidarme de una historia
que jamás tuvo principio ni final.

El nudo en mi garganta
y el mar de mis ojos saben de lo que hablo.

Ya sé que nunca fuiste mío
pero no puedo ver ni sentir
como te desvaneces entre mis costillas.

Me sostengo de unas manos
que ya me soltaron hace tiempo
y me cuesta aceptarlo,
por eso aún sigo aquí.

Hace tanto frío aquí.

El día que abandone esta habitación sin paredes
llena de ti, pasaré llave en una puerta invisible
y arrojaré al mar todos estos recuerdos invisibles
mientras hago el ritual que suelo hacer
cuando no me puedo despedir de alguien
que se despidió de mi antes que yo.

Le pido a la luna por ti,
a las montañas y tus ancestros,
no puedo darle forma a lo nuestro
porque jamás la tuvo,
así que dejo en manos de los sabios este amor.

Sé que te llegará a ti de alguna manera,
quizá en forma de rayos de luz entrando por tu ventana
o en un abrazo de otra persona que tanto necesitabas,
así de grande es mi amor por ti.

Así de grande fue tu silencio
cuando lo incrustaste en esta herida
que no sé cómo curar.

Por mientras, quiero decirte algo,
tú no puedes decidir lo que yo siento
no puedes cambiarlo,
ni ponerle nombre...
algún día sabrás de lo que hablo.

Mientras tanto, que seas feliz.

Blanda

Yo quise descocer a besos tus ojos
tapar de caricias tu daño
mantenerte hundido en mi herida
para evitar que sangraras aquí dentro,
para evitar el golpe en mis entrañas,
para matar el tiempo y sus temblores tras tu partida...
pero no.

Yo intenté no ser tan blanda
estuve a la defensiva aun cuando callabas,
pero tus ojos me hablaban de profecías
de horas y de años que no significaban nada
de veranos y primaveras en guerra
de distancias hechas polvo
del amor y el odio intacto en tu pecho
de lenguas y espaldas mojadas...
y a mí eso,
me derrumbó el alma,
la firmeza que me mantenía alerta,
se fue aletargando bajo tus palabras.

Pero en algún momento
desprevenida
de mí

y de ti…
caí rendida,
y conmigo también caíste tú,
me enredé entre tal veces y preguntas retóricas
y luego ya no supe
cómo salvarnos a los dos
de un paisaje abstracto
en el que ya no nos vimos
ni nombramos,
ni nos reconocimos.

Pasamos a ser cómplices de un silencio
que nos envenenó el alma.

Se hizo blanda la carne
los huesos
la herida,
el *amor confundido*
agonizando en llaga viva…

…dos personas de espaldas
buscándose *toda la vida*.

Qué difícil debe ser...

Qué difícil deber ser
enamorar el corazón de un hombre
que ya tuvo al amor de su vida.
¿Qué se hace en esos casos?
Cuando el camino te pone delante a alguien
que ya tuvo su cúspide de felicidad,
cuando ya tuvo a su lado una mujer perfecta
inigualable y hermosa.
¿Cómo se hace para superar eso?

Me imagino una chica enamorándose
de un chico que ya vivió todas sus primeras veces
con una mujer así...
¿qué posibilidades quedan
de hacerle sentir algo mejor?

No puedo concebir esa idea en mi cabeza,
no puedo
no puedo...
definitivamente no puedo.

Seguramente cuando la bese pensará en ella
en su cuerpo, en su manera de hacer el amor,
en su calor, su voz y el aroma de su pelo.

Entonces habrá alguien más
rompiéndose por dentro.

No puedo,
no puedo siquiera imaginarlo
nadie puede competir con un alma pura;
ella estará todo el tiempo en sus recuerdos
y en su forma de caminar y de ver al mundo
cuando le pregunten a él sobre el amor...

Se me hace un nudo en el pecho,
solo de pensarlo.

Lo veo por las tardes solo en su casa,
merodeando entre esquinas asesinas
y sábanas mojadas,
llorando a veces,
otras jugando a ser Dios...

Entonces,
¿cómo se enamora un corazón así?
¿Cómo se enamora a alguien
que ya vivió lo mejor de su vida?
que ya sintió lo más hermoso que se puede sentir
que ya se vio en otros ojos y solo con eso fue feliz
que ya lo tuvo todo en un simple abrazo...
Díganme,

¿cómo se empieza de nuevo
con una persona rota y completa a la vez?

Logro imaginar maneras nuevas de besar,
de abrazar y de despertarlo por la mañana...
pero de seguro ella lo haya hecho mejor.
Es como darse por rendido
antes de siquiera intentarlo.

Es duro, es difícil, más no imposible.

Pero...
¿Cómo hacer brillar la mirada de un hombre
que ya vio todas las estrellas fugaces?
que ya cumplió todos sus deseos...

No logro entenderlo,
disculpen mi ignorancia,
pero creo que enamorar a un hombre así,
enamorado y ahora derrotado
sería casi imposible...
Habría que agarrarlo con la guardia baja
y amarlo con intensidad
con mucha intensidad,
cosa de que no le dé tiempo de pensar
solo a duras penas de respirar...

Y darle cobijo entre los brazos y el vientre…
Sí, darle cobijo.
Mucho cobijo.

Ya nada se puede inventar.

El pasado no se puede olvidar
mucho menos borrar.

Hay que aprender a amar las historias
que todos llevan metidas dentro
y procurar dar abrigo,
mucho abrigo…

Sí, definitivamente mucho abrigo al corazón.

URANIO

Siento que aún tengo algo
por descifrar, la vida me lo reitera a diario,
hay algo atorado aquí,
en el medio de mi campo de batalla,
el corazón siente un peso extremo,
como si un terremoto me hubiera arrojado
todo el escombro
de la angustia de los domingos.

Anoche soñé que alguien
me decía que estaba debiendo un "perdón"
que debía perdonar a alguien...
¿y si ese perdón me lo debo a mi misma?
como Einstein, cuando advirtió de la
fuente de energía del uranio...
sin saber que años más tarde
esa energía se transformaría
en la "bomba atómica"...
nunca vi a alguien
con la mirada tan triste
como la de él.

Espero que Einstein se haya perdonado a sí mismo,
para no morir con tanto peso en sus párpados
en sus huesos y en su corazón.

Quizá yo deba hacer lo mismo
para no ser tan dura conmigo misma,
para no sentirme atrapada en esta impotencia
(que no tiene rejas ni sogas)
y así poder darle alas y paz a mi libertad
como solía hacerlo antes...
antes de conocer a quienes se fueron,
antes de conocer a los que están
y ya no puedo evitar.

A veces el dolor
me despierta por las noches,
en la boca del estómago
algo me estruja,
quizá sea esa duda o ese perdón pendiente
pidiendo salir a gritos
porque mi fuego lo consume vivo...
mientras yo solo me acurruco
y dejo que el dolor pase.

Creo que tengo una bomba atómica dentro
y me cuesta vivir con el peso
de saber qué es lo que debería hacer

(pero no hago).

Maldito apego.
Maldito uranio.

Good vibes

Ella sufrió tanto
que el día que descubrió que llevaba dentro
más decepción que amor
y más recuerdos tristes que felices
le salieron flores desde las entrañas
en el pelo, las manos y los pies.

Rosas, jazmines, camelias, cartuchos,
alegrías, margaritas…
contemplarla así, tan llena de vida,
era una celebración.

Empezó a bailar con los ojos cerrados
mientras se cepillaba los dientes,
mientras se duchaba
mientras se vestía mirándose al espejo
mientras cocinaba…
tarareaba todo el tiempo,
incluso a veces no desafinaba,
su alma empezaba a alinearse
y a actuar de acuerdo con lo que decía y pensaba.

Tomó un puñado de decepciones,
de indiferencias y ausencias,

y creó así la obra de arte más hermosa del mundo
para recargar así su dignidad y amor propio.

Tomó distancia de ciertas personas
aunque al principio le dolió un poco,
pero poco a poco se fue convenciendo
de que había sido la mejor decisión,
ya que si la veían alejarse y no la extrañaban
no era necesaria su presencia allí,
así que comenzó a frecuentar lugares
donde sí hacía falta.

Se volvió más astuta,
jodidamente hermosa…
corajuda y sin vergüenza,
pero jamás perdió la ternura y el respeto
hacia aquellos que habían atentado
contra su bondad y cariño sincero.

Era un alma pura
se convirtió en una de esas damas
de las cuales te arrepientes de perder,
en una de esas que hacen temblar el piso
cuando entran a un lugar.

Le empezaron a suceder cosas hermosas,
le llegó todo el amor con el que ella había soñado

su vida se convirtió en el más bello jardín,
y aunque a veces llovía,
los recuerdos que pasaban por su corazón
ya no dolían.

Ella se convirtió en su propia fortaleza
ella misma dijo que ya había sido suficiente tristeza
que merecía lo mejor…

el universo la escuchó
y le devolvió con creces
la sintonía que ella ahora emitía.

CUANDO ME LEAN HABLANDO DE TI

No me cansaría nunca de inmortalizarte
porque eso es lo menos que te mereces amor
el temblor más grande en el pecho y las tripas
cuando alguien me lea hablando de ti.

No me preocupa el pasado
ni el futuro, cada quien carga con lo que puede
y con lo que quiere,
no hay verdad más certera que lo que siento aquí y
ahora…
y te estoy amando como loca.

A veces me cuesta respirar
y no solo es una falla técnica de este cuerpo que amas, es
un recordatorio de todo lo que viví para llegar hasta ti,
de todos los errores que cometí para encontrarte
y de todos los cambios que tuve que hacer
para merecerte.

Porque la gente, mi amor, siempre habla
de lo que quiere encontrar para sentirse a salvo
de la vida, del mundo…
yo no hablaba de eso cuando te conocí,
yo ya traía conmigo un manual

hecho por misma, que decía
cómo construir una fortaleza
para luego, desde allí,
desde lo alto,
ver los riesgos y las victorias…
no creas que fue fácil,
pero valió la pena
así fue como llegué a dar con tu sonrisa.

No me creerías
si te digo que a veces lloro cuando te pienso…
bueno, en realidad sí, tú me conoces de memoria
y a veces pienso en lo afortunada que soy
de poder contar con un amor como el tuyo
porque me aceptas transparente
y sobre todo
rara,
rebelde y extrovertida,
con secretos que solo tú conoces
y con mis sincericidios de infarto,
por eso te amo.

Solo tú me has visto completamente desnuda
y no me refiero a cuando me quitas la ropa.

Me encanta cuando me ves cepillarme los dientes
en ropa interior mientras bailo

y me dices que estoy -bien buena-
mientras me tomas por la espalda
y el mundo se pierde tras tu mirada,
allí está la magia y la felicidad
(pobres los tontos que se llenan la boca
hablando de cosas materiales).

Alguna vez en mi vida
pensé que nunca más me iba a volver a enamorar,
que el amor no era reciclable
y que no se podía mejorar…
incluso después de tantos años
a veces me sentí una extraña entre tus brazos
llevando una vida que no era la mía,
sentía que no me merecía ser tan feliz…
pero solo tú lograste
que también me volviera a encontrar a mí misma,
me dejaste ser libre aun mientras aplaudías mi vuelo
y eso nunca lo tuve en ningún otro lado,

eso es lo que me mantiene a tu lado.

Y no quiero hablar de otras parejas
ni otras experiencias
porque sinceramente no me interesan…
solo quien viva una relación como la nuestra
sabe del peso de lo que hablo,

de la complicidad entre dos personas
que saben muy bien lo que hay que hacer
para mantener a salvo el amor,
como sea.
No se trata de poseer, sino de ser juntos.

Estoy muy a gusto con la persona
en la que me he convertido estando contigo,
y amo la persona que soy
cuando no estás conmigo también,
porque no hay necesidad
de fingir,
porque tú me haces real
tangible
fuerte
ruda
hermosa
libre.

Sabes que cuando salgo de casa
sigo siendo la misma loca de siempre
que me río a carcajadas
y que hablo de cosas intensas y profundas
con otras personas
porque soy muy volada...
sabes que bailo y canto por la calle
que me gusta beber y fumar con amigos

y que les digo a las personas cuánto les quiero con un
abrazo, no importa si son hombres o mujeres,
sabes a ciencia cierta que sé el camino de
regreso a casa, *tú eres mi hogar.*

Y yo sé que cuando sales de casa
también ríes, bebes y fumas con amigos,
que te diviertes y disfrutas de otras compañías
y me encanta, porque cuanto más alas nos damos
más ganas nos dan de volver a casa
a amarnos como locos
como cuerdos que saben que lo tienen todo
a la simple distancia de un "te extraño".

Me encanta que hayamos creado
nuestra propia ideología,
nuestra anti-religión,
porque ahora juntos
vemos el mundo con otros ojos
con otro corazón.

No hay necesidad de hablar cuando los ojos gritan
o cuando las manos desbaratan sin piedad la rutina
y nos hacemos polvo *contra la pared*
y sobre la mesa,
no hay necesidad de explicar más.

Yo quiero que cuando me lean hablando de ti
la gente tiemble,
que se mueran de envidia (de la sana)
por vernos tan libres y juntos…
porque, ¿sabes qué?

La libertad hace, lo que unas alas sin amor no pueden.

ÍNDICE

Agradecimientos..7

Prólogo..9

El Mar (de tus ojos) 13
    Personas con sabor a Café 15
    Necesito..17
    Ataques de Pánico..20
    Ghost 23
    ILUSA (sí, así con mayúsculas) 27
    Fábrica vieja y olvidada 30
    Cuando el insomnio procede 34
    Olvidarte con veinte años 37
    Esperando la inspiración 40
    A ti, que te gusta adornar despedidas 42
    Eclipses eternos...46
    Esto de quererte..48
    A un costado de la vida 52
    ÉL 54
    Amando la luna 57
    Sucede 60
    Sé que aún me buscas 62
    Debo confesar..64
    Game Over...66
    Escapar, no sé de qué 69

La Tregua (una esperanza) 71
    Antes de cerrar los ojos 73
    Mi querido Charles Bukowski 77
    Hice el amor con la tristeza..............................80
    Ecos de una sonrisa lejana................................84

Cordura, loca traviesa 88

En la belleza de la noche 92

Mi musa, la poesía 95

No quiero ser normal...................................99

Elvira Sastre...101

Los innombrables sin memoria 105

Viajar...108

No hay nada que inventar..........................111

Diablo 113

Mi razón, tú 115

La Chica Solitaria 120

Alguien..122

Palabras 125

Tu Sonrisa (la luna en creciente) 127

No, no eres mi otra mitad.........................129

¿A mí me vienes a hablar de amor?............131

Llegaste intacto.......................................135

A veces vuelvo..139

Poesía sobre tu espalda.............................141

Lo que nunca llega a ser…..........................142

Vuelvo a ser yo...145

Anonadada 147

Espero 148

Por la noche...150

Las fases de la luna...................................153

Juro que él no lo sabía...............................155

El reencuentro 158

A ciencia cierta y a ojos cerrados 160

Lo que quiero para ti 163

Los garabatos de la vida 168

Me presento de nuevo, mucho gusto...........171

La mujer que amo.....................................174

Irónico amor...177

Poema para mí 181
Hacerte el amor 185
Amigas inesperadas 186
El tiempo es relativo 188
Trabajar en mí 191
Ya no merezco… 193
Deseo para mi prójimo 195
Siempre seremos uno 199
El puto día 202
Yo 205
Verte en guerra 209
Versos rotos 211

POEMAS INÉDITOS. Poesía rota 213
Amor inconcluso 215
Blanda 220
Qué difícil debe ser… 222
Uranio 226
Good vibes 228
Cuando me lean hablando de ti 231